Tomaso Mattarucco

ETYMOLOGISCHE STREIFZÜGE

Ein Beitrag zum diachronischen Studium
der deutschen Sprache

Tomaso Mattarucco

ETYMOLOGISCHE STREIFZÜGE

Ein Beitrag zum diachronischen Studium
der deutschen Sprache

ibidem-Verlag

Bibliografische Information der Deutschen Nationalbibliothek
Die Deutsche Nationalbibliothek verzeichnet diese Publikation in der
Deutschen Nationalbibliografie; detaillierte bibliografische Daten sind im
Internet über http://dnb.d-nb.de abrufbar.

Bibliographic information published by the Deutsche Nationalbibliothek
Die Deutsche Nationalbibliothek lists this publication in the Deutsche Nationalbibliografie;
detailed bibliographic data are available in the Internet at http://dnb.d-nb.de.

∞

Gedruckt auf alterungsbeständigem, säurefreien Papier
Printed on acid-free paper

ISBN-13: 978-3-8382-1159-6

© *ibidem*-Verlag
Stuttgart 2017

Alle Rechte vorbehalten

Das Werk einschließlich aller seiner Teile ist urheberrechtlich geschützt. Jede Verwertung
außerhalb der engen Grenzen des Urheberrechtsgesetzes ist ohne Zustimmung des Verlages
unzulässig und strafbar. Dies gilt insbesondere für Vervielfältigungen,
Übersetzungen, Mikroverfilmungen und elektronische Speicherformen sowie die
Einspeicherung und Verarbeitung in elektronischen Systemen.

All rights reserved. No part of this publication may be reproduced, stored in or introduced into a retrieval
system, or transmitted, in any form, or by any means (electronic, mechanical, photocopying, recording or
otherwise) without the prior written permission of the publisher. Any person who does any unauthorized act
in relation to this publication may be liable to criminal prosecution and civil claims for damages.

Printed in the EU

Für Paul, Julius und Anne

Inhaltsverzeichnis

Vorwort 9

Kapitel 1
Probleme der Etymologie und archäologische Linguistik 13

Kapitel 2
Anmerkungen zur Geschichte der deutschen Sprache 27

Kapitel 3
Etymologische Streifzüge: Zur Geschichte einiger Wörter im Deutschen 61

Kapitel 4
Arabische Entlehnungen ins Deutsche: ein historischer Überblick 93

Bibliografie 109

Vorwort

Die Geschichte unserer Sprachen, der indoeuropäischen und der nichtindoeuropäischen, ist die Geschichte eines langen Prozesses der ständigen Neumodellierung, der Verdrängung, der Begegnung. Es ist die Geschichte einer noch nicht abgeschlossenen Entwicklung, die nicht nur die besondere politische, militärische und historische Konstellation eines bestimmten Volkes wiedergibt, sondern uns auch in die Lage versetzt, unsere sprachlichen Kenntnisse immer wieder in Frage zu stellen und zu ergänzen, unsere Vergangenheit zu erforschen und unser Selbstbild zu revidieren.

Das Ziel dieser Arbeit besteht primär darin, die Geschichte des Deutschen in Grundzügen zu thematisieren und die Entwicklung einiger Wörter in den passenden historischen Kontext einzuordnen, so dass bestimmte lexikalische Merkmale unserer heutigen Sprache erklärt werden können.

Die Entwicklung der deutschen Sprache ist so faszinierend, dass manch eine etymologische Erklärung fast einen anekdotischen Charakter aufweist: Auch in diesem Fall kann der Leser konstatieren, dass eine ausführliche Analyse solide Kenntnisse auf dem Gebiet der Geschichte, der Linguistik und der Philologie voraussetzt; nur auf diese Weise kann der Sprachwissenschaftler eine nahezu lückenlose und effektive Rekonstruktion vornehmen. Diese Arbeit wendet sich nicht an Experten, sondern vor allem an Deutschstudenten und an Leser, die sich mit der Geschichte der deutschen Sprache kaum auseinandergesetzt haben. Es werden hauptsächlich historische Zusammenhänge betont, die in der Fachliteratur teilweise zu kurz kommen.

Diese diachronische Betrachtung soll also dem heutigen Leser helfen, mehr über die Sprache zu erfahren und zugleich sein Sensorium für linguistische Probleme und sprachgeschichtliche Herausforderungen zu verfeinern.

Wenn dieses ehrgeizige Anliegen von unserer Seite auch nur im Ansatz erfüllt wird, wird unser Ziel erreicht.

„Bacone aveva ragione a dire che il primo dovere del sapiente è imparare le lingue."

Umberto Eco, *Il nome della rosa*

„Weil für das Sein des Da, das heißt Befindlichkeit und Verstehen, die Rede konstitutiv ist, Dasein aber besagt: In-der-Welt-sein, hat das Sein als redendes In-Sein sich schon ausgesprochen. Das Dasein hat Sprache. Ist es Zufall, dass die Griechen, deren alltägliches Existieren sich vorwiegend in das Miteinanderreden verlegt hatte, und die zugleich „Augen hatten", zu sehen, in der vorphilosophischen sowohl wie in der philosophischen Daseinsauslegung das Wesen des Menschen bestimmten als ζῷον λόγον ἔχον? Die spätere Auslegung dieser Definition des Menschen im Sinne von animal rationale, „vernünftiges Lebewesen", ist zwar nicht „falsch", aber sie verdeckt den phänomenalen Boden, dem diese Definition des Daseins entnommen ist. Der Mensch zeigt sich als Seiendes, das redet."

Martin Heidegger, *Sein und Zeit*

Kapitel 1
Probleme der Etymologie und archäologische Linguistik

Salimbene aus Parma (1221-1288) erzählt in seiner Chronik die mittlerweile berühmte Anekdote (eigentlich handelt es sich um ein Apophthegma), dass Friedrich II. Hohenstaufen, Enkel Friedrichs Rotbart und Kaiser des Heiligen Römischen Reiches Deutscher Nation, in seinem unstillbaren Wissensdurst einigen Hebammen den Befehl erteilte, Neugeborene mit Essen und Trinken vollständig zu versorgen, mit ihnen jedoch kein Wort zu wechseln. Friedrich war überzeugt, dass die Säuglinge irgendwann von allein sprechen würden. Die Frage war: in welcher Sprache? Hebräisch, Latein, Griechisch oder Arabisch (genau diese Sprachen standen zur Auswahl; Friedrich II. war ein sehr guter Kenner des Arabischen, er beeindruckte mit seinen Arabischkenntnissen während des sechsten Kreuzzuges den Sultan Al-Kamil so sehr, dass dieser keine Probleme sah, mit Friedrich ein Abkommen einzugehen, das 1229 die friedliche Übergabe von Jerusalem vorsah; weil Jerusalem ohne Kampfhandlungen erobert wurde, ärgerte sich Papst Gregor IX.)? Falls diese Kinder keinem sprachlichen Einfluss ausgesetzt waren, konnte man auf diese Art und Weise herausfinden, welche Sprache die natürliche, die echte, ja die ursprüngliche war. Diese Säuglinge sprachen jedoch überhaupt nicht und überlebten nicht einmal die ersten Monate.

In dem Kapitel *Brücken zur menschlichen Sprache* aus dem sehr aufschlussreichen Sachbuch *Der dritte Schimpanse* schreibt der Evolutionsbiologe Jared Diamond:

Der griechische Geschichtsschreiber Herodot weiß vom Experiment des ägyptischen Königs Psammetich zu berichten, mit dem dieser herausfinden wollte, welche die älteste Sprache der Welt sei. Der König ließ zwei Neugeborene in die Obhut eines Schafhirten geben, dem aufgetragen wurde, sie unter vollkommenem Stillschweigen aufzuziehen und darauf zu achten, welche Wörter sie als erstes sprechen würden. Wie ihm befohlen, berichtete der Hirte, dass beide Kinder die ersten zwei Jahre nichts als unverständliches Geplapper von sich gegeben hatten und dann eines Tages zu ihm gelaufen waren und anfingen, wieder und immer wieder *Bekos* zu sagen. Da dieses Wort im Phrygischen, der damals in Inneranatolien gesprochenen Sprache, „Brot" bedeutet, soll Psammetich den Phrygiern zugestanden haben, das älteste Volk der Welt zu sein.[1]

Ob dieses Experiment auf die von Herodot beschriebene Weise tatsächlich durchgeführt wurde und die berichtete Folge hatte, ist allerdings zu bezweifeln.

Hunderte von Philosophen und Literaten versuchten in der Vergangenheit, die erste menschliche Sprache zu identifizieren. Da man damals über wenig bis kein naturwissenschaftliches oder linguistisches Wissen verfügte, wurden verschiedene und vielfältige Hypothesen aufgestellt, die sich vor allem auf das Buch aller Bücher, die Bibel, stützten. So wurde Hebräisch als die Protosprache der Menschheit identifiziert, aus der alle anderen Sprachen stammen mussten. War das Alte Testament nicht auf Althebräisch geschrieben worden (aber auch auf Aramäisch)? Wenn die Bibel die „Geschichte" des göttlichen Schöpfungsaktes darstellt, dann muss Hebräisch zwangsweise die erste Sprache gewesen sein. Wie man sieht, handelte es sich dabei um genau den Denkfehler, den der Erzbischof James Ussher (1581-1656) beging, als er ausgehend von der Heiligen Schrift die Entstehung der Erde genau auf den 23. Oktober 4004 v.Chr. festlegte (ein Datum, das heute für Kreationisten immer noch gilt). So verfasste der Gelehrte Guillaume Postel (1510-1581) im Jahre 1538 das weniger bekannte Werk *De originibus seu de Hebraicae linguae et gentis antiquitate*, in welchem eine deutliche Abstammung der hebräischen Sprache von Noah postuliert wurde. Eine heilige Sprache also, die es wert war, gelernt und beherrscht zu werden, zumal das allgemeine Studium der antiken Sprachen in dieser Zeit, auch aus theologischen Gründen, stark intensiviert wurde. Damit verbunden war natürlich die Vorstellung, dass alle Sprachen der Welt aus diesem Protohebräischen stammten bzw. stammen mussten. Die etymologischen

---

[1] Vgl. Jared Diamond, *Der dritte Schimpanse, Evolution und Zukunft des Menschen*, Frankfurt am Main, Fischer, 2006, S. 201.

Annahmen, die zu dem expliziten Zweck des Nachweises dieser These postuliert wurden, waren allenfalls pseudowissenschaftlich. Mit der Zeit wurden ähnliche Theorien entworfen, die sich fast alle in dieselbe Richtung bewegten. Irgendwann, im Laufe des 16. Jahrhunderts, wurden diese Thesen in Frage gestellt. Vermutet wurde, dass die Menschheit doch älter sein könnte. Chinesisch wurde sogar als Protosprache vorgeschlagen. Was diesen Theorien zugrunde lag, war die Vorstellung einer Ursprache, welche an einem bestimmten Ort entstanden und dann weitergegeben und mit der Zeit weiterentwickelt bzw. modifiziert wurde. All diese Thesen können unter die Theorie der *Monogenese* subsumiert werden, die heute, wenn auch in anderer Form und mit anderen Argumenten, in der Wissenschaft als seriöse Hypothese gilt.

Die komplementäre, gegensätzliche Theorie ist als *Polygenese* bekannt. Sie besagt, dass die Sprachen der Welt sich unabhängig voneinander entwickelt haben, vielleicht sogar zu verschiedenen Zeiten. Wenn man die Tatsache berücksichtigt, dass die Schrift in unabhängiger Weise sechs Mal entstanden ist, nämlich im präindoeuropäischen Europa, in Mesopotamien, in Ägypten, in Indien, in China und im präkolumbischen Mittelamerika, könnte man der Theorie der Polygenese sogar Glauben schenken. Die endgütigen Beweise jedoch fehlen. Die Frage muss also heute noch offen bleiben.

Der Sprachwissenschaft gelang im 18. Jahrhundert der Durchbruch, als der berühmte William Jones, erfahrener Richter und talentierter Linguist in Kalkutta,[2] die Hypothese formulierte – das wird an dieser Stelle genau berichtet , auf die Gefahr hin, etwas Bekanntes zu wiederholen –, dass Altgriechisch, Sanskrit, Persisch und Latein miteinander verwandt sein *mussten*; es war keineswegs zu übersehen – aber die Idee war sogar vor Jones ausgesprochen worden –, dass sowohl lexikalische als auch syntaktische Ähnlichkeiten in diesen vier Sprachen vorhanden waren. Wenn man die gegen-

---

[2] Der Oberrichter William Jones wurde 1746 in London geboren, genoss eine humanistische Bildung und zeichnete sich als Student durch ein außergewöhnliches Gedächtnis aus. Er widmete sich der Orientalistik, lernte Hebräisch als Autodidakt und studierte an der Universität Oxford Arabisch und Persisch. Nach dem Abschluss studierte er Jura und wurde Richter in Indien.

seitige Entfernung der Wiegen dieser Sprachen berücksichtigt, wie kann man diese strukturellen Parallelen erklären? Auf lexikalischer Ebene kann man dieses Postulat leicht nachweisen. Man beachte folgende exemplarische Tabelle:

Latein	Griechisch	Sanskrit
unus	εἷς	एक
duo	δύο	द्वि
tres	τρεῖς	त्रयं
sex	ἕξ	षष्
septem	ἑπτά	सप्तन्
octo	ὀκτώ	अष्ट
decem	δέχα	दश
pater	πατήρ	पितृ
mater	μήτηρ	मातृ
nurus	νυός	सुषा
vidua	(fehlt)	विधवा

Auch dem Nicht-Linguisten wird die frappierende lexikalische Parallelität auffallen. Es ist jedoch nicht nur eine Frage des Wortschatzes. Auch syntaktische Ähnlichkeiten ließen die damaligen Sprachforscher eine eventuelle Verwandtschaft zwischen diesen Sprachen postulieren.
Ein einfaches, aber konkretes Beispiel mag dies veranschaulichen:

Man nehme folgenden lateinischen Satz:

> Medicus amicum valere putat.

Die griechische Entsprechung ist:

> Ὁ ἰατρὸς νομίζει τὸν φίλον ὑγιαίνειν.

Man bemerkt sofort die syntaktische Entsprechung mit der *Accusativus cum infinitivo*-Konstruktion. Man darf nicht vergessen, dass die Fälle in nicht-indoeuropäischen Sprachen wie dem Baskischen eine ganz andere Funktion und eine ganz andere Bedeutung haben.

Noch ein Beispiel: Selbst bei einer relativ seltenen Konstruktion wie dem sogenannten *Genitivus criminis* kann man eine auffallende grammatikalische Parallelität konstatieren:

Latein	Griechisch
Reus furti absolutus est.	ὁ φεύγων ἀπελύθη κλοπῆς.

Da die Parallelen in vielen syntaktischen und grammatikalischen Fällen nahezu systematisch sind, so wie in den angeführten Beispielen, kann man nicht mehr von Zufall sprechen.

Im Jahr 1876 sagte William Jones (es folgt ein Auszug aus der berühmten Rede bei der *Royal Asiatic Society of Bengala*, in der er die indogermanische Linguistik sozusagen inaugurierte):

„Das Sanskritische hat eine hervorragende Struktur, die noch perfekter als Griechisch, breiter als Latein und viel entwickelter als beide ist. Überdies beweist es im Vergleich zu den anderen sowohl bezüglich des Stammes der Verben als auch in der Grammatik eine so enge Ähnlichkeit, dass es unmöglich ist, diese als zufällig zu bezeichnen. Kein Philologe könnte diese drei Sprachen analysieren, ohne in Betracht zu ziehen, dass sie einer gemeinsamen Quelle entspringen, die heute ausgestorben ist. Ähnliche Gründe lassen vermuten, dass sowohl Gotisch als auch Keltisch, obgleich mit unterschiedlichen Sprachen gemischt, dieselbe Herkunft haben wie Sanskrit. Zu dieser Sprachfamilie gehört auch das Altpersische."

Es lässt sich überdies belegen, dass dem talentierten spanischen Jesuiten Lorenzo Hervás y Panduro (1735-1809), der heute immer noch als Sprachgenie gilt, da er über 40 Sprachen nahezu perfekt beherrschte und deren Grammatik in seinen linguistischen Werken ausführlich beschrieb, unter anderem Philosophie lehrte, weiterführende Studien auf dem Bereich der komparativen Sprachwissenschaft betrieb und die genetische Verwandtschaft der malaiischen und polynesischen Sprachen entdeckte, was als seine Spitzenleistung angesehen wird, auffiel, dass Hebräisch, Chaldäisch, Syrisch und Arabisch miteinander verwandt sind und zur selben Sprachfamilie gehören. Vermutlich bemerkte er, dass auch die Parallelitäten zwischen Griechisch und Sanskrit nicht dem Zufall zuzuschreiben waren.[3]

Wie man leicht feststellen kann, machte die komparative Linguistik im 18. und 19. Jahrhundert Riesenschritte, so dass bald die ersten Zusammenhänge zwischen den Sprachen theoretisiert werden konnten. Es stellte sich bald heraus, dass sich die meisten europäischen und viele vorderasiatische und fernorientalische Sprachen auf eine Ursprache zurückverfolgen ließen, die irgendwann gesprochen, aber nicht geschrieben, wurde: Indoeuropäisch (auch: indogermanisch). Diese Sprache ist mit den Methoden der Komparation rekonstruiert worden. Franz Bopp (1791-1867; 1816 erschien in Frankfurt am Main sein Werk *Über das Conjugationssystem der Sanskritsprache in Vergleichung mit jedem der griechischen, lateinischen, persischen und germanischen Sprache*) und Rasmus Christian Rask (1787-1832) gelten, zusammen mit William Jones, auch als Pioniere auf dem Gebiet der Indogermanistik.

---

[3] Vgl. Jonathan Wright, *Die Jesuiten. Mythos, Macht, Mission*, Essen, Magnus-Verlag. 2005/06, S. 217.

Um sich eine Vorstellung dieser Ursprache zu machen, wird hier eine inzwischen bekannte Fabel wiedergegeben, die vom Linguisten August Schleicher (1821-1868) in rekonstruiertem Urindogermanisch erfunden wurde:

Owis eḱwōskʷe

Gʷərēi owis, kʷesjo wl̥hnā ne ēst, eḱwōns espeḱet, oinom ghe gʷr̥um woǵhom weǵhontm̥, oinomkʷe meǵam bhorom, oinomkʷe ǵhm̥enm̥ ōḱu bherontm̥, Owis nu eḱwobh(j)os (eḱwomos) ewewkʷet: "Ḱēr aghnutoi moi eḱwōns aǵontm̥ nerm̥ widn̥tei". Eḱwōs tu ewewkʷont: "Ḱludhi, owei, ḱēr ghe aghnutoi n̥smei widn̥tbh(j)os (widn̥tmos): nēr, potis, owiōm r̥ wl̥hnām sebhi gʷhermom westrom kʷrn̥euti. Neǵhi owiōm wl̥hnā esti". Tod ḱeḱluwōs owis aǵrom ebhuget.

Übersetzung:

Das Schaf und die Pferde

„Auf einem Berg sah ein Schaf, das keine Wolle hatte, Pferde, von denen eines einen Wagen zog, eines eine schwere Last trug und eines einen Mann geschwind trug.
Das Schaf sprach zu den Pferden: „Mein Herz schmerzt mich beim Anblick von einem Mann, der Pferde antreibt." Die Pferde sprachen: „Hör zu, Schaf, unsere Herzen schmerzen uns, wenn wir dies sehen: Ein Mann, der Herr, macht aus der Wolle vom Schaf warme Kleidung für sich selbst. Und das Schaf hat keine Wolle."
Nachdem es das gehört hatte, floh das Schaf in die Ebene."[4]

---

[4] Vgl. Jared Diamond, *Der dritte Schimpanse, Evolution und Zukunft des Menschen*, Frankfurt am Main, Fischer, 2006, S. 344-345. Es wird die von Diamond wiedergegebene Übersetzung übernommen. In diesem Werk findet man eine interessante Darstellung der Migrationsvorgänge und der Gründe für die Diaspora dieser indogermanischen Völker. Vgl. das Kapitel *Pferde und Hethiter* in ebenda, S. 313- 345.

Man beachte die Wörter *owis* (es erinnert an das deutsche Wort *Aue*), *ekwōns* (deutsch Pferd, auf Latein equus, aber auf Griechisch ἵππος) und *kēr* (griechisch καρδίᾱ, deutsch Herz > Kardiologie), die die passende Entsprechung in unseren Sprachen haben. Außerdem erinnert *agrom* zweifellos an ὁ ἀγρός (dt. agrarisch, it. agricolo, agricoltura).

Dass eine antike Sprache ohne schriftliche Zeugnisse auf der Basis der komparativen Linguistik zum Teil rekonstruiert werden konnte, stellt eine der großartigsten Errungenschaften der Wissenschaft im 19. Jahrhundert dar. Doch muss man in diesem Fall vorsichtig sein. Möglicherweise haben wir ausgehend von der beschriebenen Methode nur eine vage Idee des Urindogermanischen. Die oben zitierte Fabel wurde vielleicht auf diese Art und Weise nie erzählt und ist später in der Tat von anderen Sprachhistorikern geändert bzw. modifiziert worden.

Der Linguist und Indogermanist Francisco Villar macht hierzu ein bei diesen Studien klassisch gewordenes Beispiel. Man nehme folgende Sätze:

Spanisch: Veo dos gendarmes a caballo.

Französisch: Je vois deux gendarmes à cheval.

Italienisch: Vedo due gendarmi a cavallo.

In diesem Fall könnte man in Versuchung geraten, einen solchen lateinischen Satz zu (re)konstruieren:

Latein: Video duas gentes de armas ad caballum.[5]

Das Problem ist, dass so ein Satz auf Latein nicht möglich ist. Der erfahrene Linguist ist also bezüglich der Möglichkeit einer korrekten und lückenlosen Rekonstruktion immer vorsichtig.

---

[5] Vgl. Francisco Villar, *Gli indoeuropei e la nascita dell'Europa*, Bologna, Il Mulino, 1997, S. 204.

Was in diesem Kontext von Bedeutung ist, ist eher der so erworbene Überblick über die Abstammung der meisten indogermanischen Sprachen und der historischen Vorgänge, die die Entwicklung dieser Sprachen begünstigten bzw. ermöglichten. Dank den Studien der Indogermanisten und der Archäologen – man denke an die hervorragende und bahnbrechende Arbeit von Marija Gimbutas – konnte die Urheimat der Indoeuropäer in den Steppen Südrusslands identifiziert werden. Die indoeuropäische Wiege war anscheinend die Kurgan-Kultur. Die moderne Forschung geht auch andere Wege, jedoch scheint sich diese These mit den archäologischen Funden zu decken, so dass im Prinzip kein Zweifel mehr besteht. Das historische Szenario sieht also folgendermaßen aus: Präindoeuropäische Stämme bevölkerten Europa. Woher sie genau kamen, kann man heute nur vermuten. Indogermanische Völker kamen vor ungefähr 6000 Jahren aus Südrussland und überfielen die raffinierte Zivilisation der Präindoeuropäer, vermischten sich mit ihnen und initiierten neue Ethnien. Diesen Prozess darf man sich nicht als allzu schnell und unvermittelt vorstellen; möglicherweise waren mehrere Ruhepausen dazwischen. Die Gründe für diesen Massenexodus der Indogermanen sind heute nicht ganz geklärt, obwohl viele interessante Hypothesen formuliert worden sind.

Charles Barber schreibt zum Beispiel:

In the course of their expansion, the Indo-Europeans overran countries which had reached a higher level of civilization than they had themselves: the Aryas, for example, conquered the civilizations of northern India, and the Persians those of Mesopotamia. This need not surprise us: primitive nomadic peoples have often overrun more advanced urban civilizations, and there is no need to postulate (as some people have done) some special intellectual or physical prowess in the Indo-Europeans. It merely shows that they had cultivated the art of war rather successfully (perhaps having profited from the technical advances of neighbouring urban cultures) and that they were under some kind of environmental pressure (like change of climate or exhaustion of pastures) that made them need to migrate or expand.[6]

Fakt ist, dass sich das Gesicht Europas radikal änderte und zur heutigen ethnischen Konstellation unseres Kontinents führte. Die ersten Germanen waren höchstwahrscheinlich, wie die moderne Forschung herausgearbeitet hat, das Produkt der langfristigen Hybridisierung in Nordeuropa ansässiger uralischer Stämme und indoeuropäischer Eindringlinge aus dem Osten. Genau hier fängt die lange Geschichte der deutschen Sprache an, was in vielen linguistischen Studien zu diesem Thema oft unterschätzt wird oder unerwähnt bleibt.

Es muss außerdem beachtet werden, dass die indogermanische Theorie, die sich heute auf eine erdrückende Beweislast stützen kann, eine ganze Reihe von Fragen aufwirft. Es handelt sich um Fragen, die die Sprachwissenschaft entweder gar nicht oder lediglich im Ansatz beantwortet hat. Wenn die heutigen europäischen Sprachen, mit Ausnahme des Baskischen und der uralischen Sprachfamilie, indogermanischer Abstammung sind, kann man vielleicht den Prozess weiter zurückverfolgen und eine mit dem Indoeuropäischen genetisch verwandte Sprache festlegen?[7] Denn archäologische Funde legen die Vermutung nah, dass es sich bei dem Indoeuropäischen um eine Zwischenstufe handelt. Der Anfang der Geschichte unserer Sprachen liegt in den Urzeiten der Menschheit. Man könnte mit dieser Methode interessante Erkenntnisse über die nicht-indogermanischen Sprachen gewinnen. Leider fehlen eindeutige linguistische Hinweise dafür.

Nichtsdestotrotz wurde auf der Ebene der paläontologischen Linguistik bzw. der Glottochronologie eine Theorie entworfen, die zwar schwerlich beweisbar ist, jedoch einen wahren Kern enthalten könnte. Alle Sprachen der Erde könnten sich aus einer verlorenen Ursprache entwickelt haben –

---

[6] Vgl. Charles Barber, *The English language. A historical introduction*, Cambridge, Cambridge University Press, 1995, S. 79.

[7] Vgl. Francisco Villar, *Gli indoeuropei e la nascita dell'Europa*, Bologna, Il Mulino, 1997, S. 643-655. Es handelt sich um das Kapitel *Risalendo il cammino della storia*.

die These bewegt sich im Rahmen der Monogenese, wobei polygenetische Ansätze dabei nicht widerlegt oder ad absurdum geführt werden –, die vor 30.000 bis 50.000 Jahren irgendwo in Afrika (manche sprechen von 150.000 Jahren) gesprochen wurde. Was die Makrofamilie des Indogermanischen anbelangt, so prägte der dänische Sprachforscher Holger Pedersen (1867-1953), Schüler von Møller, dafür den Begriff *Nostratisch*: So wie die Römer das Mittelmeer *mare nostrum* nannten, wurde diese Sprache *unsere Sprache* genannt.

Zwei hervorragende Linguisten, Wladislaw Markowitsch Illitsch-Switytsch und Aharon Dolgopolsky, postulierten in den Sechziger Jahren, dass die indoeuropäische Sprache mit dem Ural-Altaischen (Finnisch, Ungarisch, Türkisch, Mongolisch, Japanisch, Koreanisch), den dravidischen (Telugu, Tamil, Kannada) und den afroasiatischen Sprachen (Semitisch, Altägyptisch, Berbersprachen) verwandt sind. *Nostratisch* wäre folglich der Vorfahre all dieser Sprachen. Natürlich muss dieser Ansatz mit der nötigen Vorsicht betrachtet werden, jedoch sprechen verstreute Indizien eher für diese Annahme.

Eine eventuelle diachronische Betrachtung des Deutschen würde also wie folgt aussehen:

Ursprache (oder mehrere voneinander unabhängige Ursprachen) > **Nostratisch** > **Indoeuropäisch** > **Urgermanisch** (auch als **Protogermanisch** bekannt) > **germanische Sprachfamilie** > **Deutsch** (mit den entsprechenden Entwicklungsstufen).

Dieses Schema entspricht dem jetzigen Forschungsstand. Unsere Vermutung ist, dass eines oder mehrere Glieder der Kette fehlen, die uns noch unbekannt sind.

Sprachgeschichtlich ist eine detaillierte Rekonstruktion der deutschen Sprache jedoch nicht so einfach. Wenn man annimmt, dass diese historische Sequenz akzeptabel ist, ist die Arbeit des Linguisten längst nicht fertig.
Wie hat sich die deutsche Sprache genau entwickelt? Welche sind die gesicherten Phasen in ihrer Geschichte? Welche Einflüsse hatten präindoeuropäische Wörter? Ist im heutigen Deutschen ein indogermanisches Substrat erkennbar? Wie hat sich die deutsche Sprache im Laufe der Geschichte weiterentwickelt?

In den folgenden Kapiteln dieser Abhandlung wird versucht, eine (Teil-) Antwort auf diese Fragen zu geben. Dies stellt das Ziel dieser Arbeit dar.

„Es ist uns oft genug begegnet, dass wir vierzehn Tage, drei, ja vier Wochen lang ein einziges Wort gesucht und erfragt haben, und habens doch bisweilen nicht gefunden. Im Buch Hiob hatten wir, Magister Philippus, Aurogallus und ich, solche Arbeit, dass wir in vier Tagen zuweilen kaum drei Zeilen fertig bringen konnten. Mein Lieber, nun da es verdeutscht und fertig ist, kanns ein jeder lesen und kritisieren. Es läuft einer jetzt mit den Augen über drei, vier Blätter hin und stößt nicht ein einziges Mal an, wird aber nicht gewahr, welche Wacken und Klötze da gelegen sind, wo er jetzt drüber hingeht wie über ein gehobeltes Brett, wo wir haben schwitzen und uns ängstigen müssen."

Martin Luther

„Ferner ist es in einer Sprache, die mit solcher Leichtigkeit Begriffe zu kombinieren, zu schattieren und zu verschieben vermag, fast unmöglich, *nicht zu philosophieren*, und auch hierin wird das Griechische nur vom Deutschen erreicht. Man kann sagen, dass die Ideen Platons bereits in der griechischen Sprache vorgebildet waren, wie die Gedanken Meister Eckhardts in der deutschen."

Egon Friedell, Kulturgeschichte Griechenlands

Kapitel 2
Anmerkungen zur Geschichte der deutschen Sprache

Die traditionelle, von den meisten Sprachwissenschaftlern akzeptierte Reihenfolge der wichtigsten Etappen der Geschichte des Deutschen und dessen Entwicklung ist folgende:

- Althochdeutsch (750 – 1050)

- Mittelhochdeutsch (1050- 1350)

- Frühneuhochdeutsch (1350 – 1650)

- Neuhochdeutsch (1650 – bis heute).

Man beachte, dass das Ziel dieses Kapitels nicht darin besteht, die Entwicklung der deutschen Sprache lückenlos zu rekonstruieren, sondern auf bestimmte Merkmale und Besonderheiten hinzuweisen, die zu unserer Argumentationslinie beitragen: Ob und inwiefern sich die deutsche Sprache auf Grund von internen und externen Faktoren weiterentwickelt hat und wie dies geschehen ist. Unabdingbar für unsere Betrachtungen sind der historische Kontext und die sozio-politischen Ereignisse, die die Geschichte Deutschlands und Europas geprägt haben.

Historische Konjunkturen und Umbrüche gingen mit der Entwicklung der deutschen Sprache einher. Zu Beginn der Geschichte stehen die Klöster, in denen in der karolingischen Zeit volkssprachige Glossen und Texte produziert wurden. In den Skriptorien wurde übersetzt, die Sprache modelliert und neu gestaltet; das Ziel bestand vor allem darin, eine deutsche Entsprechung zu lateinischen Vokabeln und Begriffen zu finden.

Der Sprachwissenschaftler Jörg Riecke schreibt dazu:

Das Zeitalter der monastischen Schriftlichkeit ist keineswegs auf die Bibelüberlieferung und Bibelexegese beschränkt. Es entwickeln sich vielmehr ganz neue volkssprachige Wortschätze, so etwas für die Bereiche Medizin und Recht, die es nun erlauben, auch auf Deutsch über grundlegende Fragen des menschlichen Lebens zu reden. Auch wenn die neuen Wörter vor allem dazu gedient haben, lateinische Texte zu verstehen, und es auch nicht immer einen direkten Weg gibt von den frühesten einheimischen Fachwortschätzen zu den deutschen Wissenschaftssprachen der frühen Neuzeit, so liegen die Anfänge der Begriffsbildung doch zweifellos schon in dieser frühen Zeit.[8]

Deutsch war also zu Beginn eher ein Mittel der Vermittlung und des Studiums lateinischer Texte. Bei dem Übergang ins neue Millennium fängt, wie bereits angedeutet, eine neue Phase an.

Linguistische Phänomene des Althochdeutschen sind zum Beispiel die Entstehung von Periphrasen und die Zweite Lautverschiebung.[9]

Man beachte folgenden Text. Es handelt sich dabei um eine Fassung des „Vaterunser", um den bekannten Weissenburger Katechismus aus dem 9. Jahrhundert:[10]

---

[8] Jörg Riecke, *Geschichte der deutschen Sprache. Eine Einführung*, Stuttgart, Reclam, 2016, S. 36.

[9] Im Metzler Lexikon *Sprache* wird die Zweite Lautverschiebung wie folgt definiert: „Bezeichnung für Veränderungen im Konsonantensystem des Germanischen, die zur Differenzierung des Althochdeutschen von allen anderen germanischen Sprachen führten. [...] Die germanischen stimmlosen Verschlusslaute *p, t, k* entwickeln sich je nach ihrer Stellung im Wort unterschiedlich. In postvokalischer Stellung werden sie im gesamten hochdeutschen Raum zu den stimmlosen Frikativen *ff, ss, hh*, die im Auslaut und vor Konsonanten regelmäßig und nach Vokallänge zumeist vereinfacht werden. [...] Die stimmhaften Verschlusslaute *b, d, g*, die sich aus den stimmhaften Frikativen entwickelt haben, werden mit starken regionalen Unterschieden zu den entsprechenden stimmlosen Verschlusslauten, die später wieder lenisiert werden." Vgl. Metzler-Lexikon, *Sprache*, J.B. Metzler, Stuttgart-Weimar, 2010, S. 390.

[10] Vgl. Jörg Riecke, *Geschichte der deutschen Sprache. Eine Einführung*, Stuttgart, Reclam, 2016, S. 49-50.

„Fater unſēr, thu in himilom biſt, giuuīhit ſī namo thīn, quaeme rīchi thīn, uuerdhe uuilleo thīn, fama ſī in himile endi in erthu. Broot unſeraz emezzīgag gib uns hiutu, endi farlāz uns ſculdhi unfero, ſama ſō uuir ſcolōm unſerēm, endi ni gileidi unſih in coſtunga, auh arlōſi unſih ſona ubile."[11]

Zunächst fallen die Geminaten auf (Verdoppelungsvorgang, der eine Längung des Konsonanten bewirkt): eme<u>zz</u>īgag und farlā<u>zz</u>ēm (die sogenannte Degeminierung fängt eher im Spätalthochdeutschen an). Außerdem scheint die Silbenstruktur relativ einfach zu sein. Die Satzstruktur hat sich, zumindest im Vergleich zu den späteren Entwicklungen der deutschen Sprache, noch nicht endgültig etabliert und die Latinismen sind unübersehbar.

Ein häufig zitiertes Merkmal des Althochdeutschen ist auch die sogenannte Vokalreduktion in unbetonten Silben, wie zum Beispiel ahd. *sunna* > mhd. *sunne* oder ahd. *himil* > mhd. *himel*.[12]

Insgesamt wurde im Frühmittelalter eine Sprache gesprochen, welche keinen Anspruch auf Vereinheitlichung erhob, ein Umstand, der unter anderem auf die soziale und politische Situation der Zeit zurückzuführen ist.

Neues Millennium, neue Sprache: Das Mittelhochdeutsche ist vor allem durch eine klare und wohl dokumentierte Abschwächung der unbetonten Silben gekennzeichnet. Was aber bei dem Studium des Mittelhochdeutschen vor allem auffällt, sind die Etablierung des Kasussystems und der flexionsmorphologische Wandel.

In der linguistischen Abhandlung *Historische Sprachwissenschaft des Deutschen* liest man:

Die interessantesten und meistbesprochenen Entwicklungen in der deutschen Substantivflexion sind wohl die sog. **Numerusprofilierung**, also eine Stärkung von Numerus, und die sog. **Kasusnivellierung**, die Schwä-

---

[11] Zitiert nach Jörg Riecke, *Geschichte der deutschen Sprache. Eine Einführung*, Stuttgart, Reclam, 2016, S. 50.

[12] Nübling, Damaris, Dammel, Antje, Duke, Janet, Szczepaniak, Renata, *Historische Sprachwissenschaft des Deutschen*, 4. Auflage, Tübingen, Narr-Verlag, 2013, S. 29.

chung von Kasus. Beide Entwicklungen sind eng verzahnt. Erste Ansätze lassen sich schon in der althochdeutschen Phase beobachten, der Höhepunkt liegt aber im Frühneuhochdeutschen.[13]

Auch in diesem Fall können authentische Texte herangezogen werden. Es werden nun zwei mittelhochdeutsche Liebesgedichte reproduziert.

Gedicht 1

„Ich wil trûren varen lân;

vf die heide sul wir gân,

vil liebe gespilen mîn!

da seh wir der blumen schin.

    Ich sage dir, ich sage dir,

        mîn geselle, chum mit mir!

Suoziu Minne, raine Min,

mache mir ein chrenzelîn!

daz sol tragen ein stolzer man,

der wol wîben dienen chan!

    Ich sage dir, ich sage dir,

        mîn geselle, chum mit mir!"

Das Gedicht stammt aus dem 12. Jahrhundert. Der Dichter ist unbekannt.

---

[13] Vgl. ebenda, S. 47.

Gedicht 2:

„Ich zôch mir einen valken   mêre danne ein jâr.

dô ich in gezamete   als ich in wollte hân

und ich im sîn gevidere mit golde wol bewant,

er huop sich ûf vil hôhe und floug in anderiu lant.

Sît sach ich den valken schône fliegen:

Er fuorte an sînem fuoze   sîdîne riemen,

und was im sîn gevidere   alrôt guldîn.

got sende si zesamene die gerne geliep wellen sîn!"

Dieses Gedicht wurde im 12. Jahrhundert von Der von Kürenberg verfasst.

Nun wollen wir auf einige Merkmale der beiden Gedichte hinweisen.

Es fällt zunächst auf, dass der Satzbau relativ klar ist und sich also im Laufe der Zeit stabilisiert hat. Man spricht in diesem Kontext von Grammatikalisierung von Haupt- und Nebensatz, so dass das finite Verb am Ende des Nebensatzes steht, was im Althochdeutschen noch relativ frei war. Bei dem Temporalsatz *Sît sach ich den valken* kann sogar die Inversion konstatiert werden, wobei der Infinitiv im Allgemeinen in dem zweiten Gedicht eher nach dem konjugierten Verb steht.

Die graphische Bezeichnung des Umlauts bei einigen Vokalen stellt auch einen neuen Schritt dar (vgl. *schône* > schön).

Auffällig ist außerdem die starke bzw. verstärkte Präsenz, zumindest im Vergleich zu althochdeutschen Texten, des Subjektpronomens (*ich* bzw. *ih*, *er*).

Man beachte, dass diese Charakteristika für das Mittelhochdeutsche typisch sind und es vom Althochdeutschen unterscheiden. Doch muss nun auf ein weiteres Merkmal aufmerksam gemacht werden, das im Hinblick auf die Entwicklung der deutschen Sprache nicht unterschätzt oder vernachlässigt werden darf.

Man nehme folgendes Gedicht von Dietmar von Aist (um 1115 – um 1171):

„Ûf der linden obené   dâ sanc ein kleinez vogellîn.

vor dem walde wart ez lût: dô huop sich aber daz herze mîn

an eine stat da'z ê dâ was.   ich sach die rôsebluomen stân:

die manent mich der gedanke vil   die ich hin zeiner frouwen hân.

Ez dunket mich wol tûsent jâr   daz ich an liebes arme lac.

sunder âne mîne schulde fremdet   er mich manegen tac.

sît ich bluomen niht ensach   noch   hôrte kleiner vogele sanc,

sît was mir mîn fröide kurz   und ouch der jâmer alzelanc."

In der germanistischen Linguistik spricht man von Zentralisierung der unbetonten Vokale bzw. von Apokope und Synkope.[14] Bei dem Wort *fröide* hat sich zum Beispiel ein interessantes Phänomen ereignet: Das althochdeutsche Suffix *–ida* wurde im Mittelhochdeutschen zu *–ede*, wobei im Laufe der Zeit das „e" fiel (also handelt es sich dabei um einen Fall von Synkope) und sich die Suffixbildung *–de* etablierte:

---

[14] Vgl. Nübling, Damaris, Dammel, Antje, Duke, Janet, Szczepaniak, Renata, *Historische Sprachwissenschaft des Deutschen*, 4. Auflage, Tübingen, Narr-Verlag, 2013, S. 29-30: „Eine weitere Verschlechterung der Silbe bringen die seit dem Mittelhochdeutschen stattfindenden Prozesse mit sich, in denen ein unbetonter, zentralisierter Vokal getilgt wird. Wenn dieser am Ende eines Wortes schwindet, spricht man von **Apokope**, z.B. mhd. *kelbere > kelber >* „Kälber". Seit dem Mittelhochdeutschen können auch unbetonte Vokaleim Wortinneren getilgt werden (sog. **Synkope**), z.B. mhd. *spilete > spilte* „(sie/er) spielte".

Althochdeutsch *frew+ida* > mittelhochdeutsch *vröu+ede* > *vröu+de* > *fröide* (neuhochdeutsche Bedeutung: Freude).

Überdies ist festzuhalten, dass auch das Wort für *Schuld* eine Entwicklung durchgemacht hat. Im althochdeutschen „Vaterunser" war *ʃculdhi* dafür verwendet worden. Im Gedicht von Dietmar von Aist lesen wir jedoch die Variante *schulde*. Das erfahrene Auge merkt sofort, dass sich die phonologischen Eigenschaften geändert haben, da [sk] zu [ʃ] geworden ist.

Weitere Phänomene bzw. Merkmale des Mittelhochdeutschen sind in vielen sprachgeschichtlichen Werken und linguistischen Abhandlungen ausführlich beschrieben worden. Hervorgehoben werden an dieser Stelle vor allem folgende:

a) Immer weniger Verben bedürfen im Mittelhochdeutschen des Genitivs bzw. einer Genitivkonstruktion (es werden im Althochdeutschen sogar 290 genitivregierende Verben geschätzt, im Mittelhochdeutschen sind es dann 260).[15]

Dieser Abbau des Genitivs als verbaler Objektkasus ist ein Phänomen, das sich im Laufe der Zeit weiter durchsetzt. Heute erkennt man noch diese Art von Verben, da sie eine doppelte Konstruktion erlauben, wie zum Beispiel *erinnern* (sich erinnern an Akkusativ oder sich erinnern + Genitiv) oder *entsinnen*. Andere ermöglichen ausschließlich eine Genitivkonstruktion, wie z.B. *bedürfen* oder *gedenken*.[16]

b) Es findet eine Entkonkretisierung bzw. eine abstrakte Entwicklung einiger Suffixe wie *–heit*, *-schaft* oder *– tum* statt.

c) Zu registrieren ist die Fortisierung des Wort- bzw. Silbenauslauts, ein Phänomen, das in der Linguistik als Auslautverhärtung bekannt ist

---

[15] Vgl. ebenda, S. 110.
[16] Im Altgriechischen sind viele Verben mit Genitivkonstruktion zu verzeichnen, vielleicht ein Hinweis auf die Tendenz der Sprachen, ihre Struktur zu simplifizieren. Hier sind einige Beispiele: αισθάνεσθαι, ἄρχειν, φροντίζειν, etc.

und im Frühneuhochdeutschen seine Vervollkommnung erfahren wird.

Was in vielen Geschichten der deutschen Sprache häufig vernachlässigt oder unterschätzt wird, ist der Umstand, dass das Mittelhochdeutsche durch sprachliche Kontakte mit Osteuropa und dem Orient extrem bereichert wurde, vor allem was den Wortschatz anbelangt. Einflüsse aus dem Ungarischen, dem Provenzalischen, dem Italienischen sind im Rahmen einer diachronischen Betrachtung in vielen Texten dieser Zeit nachweisbar. Das sowohl militärisch als auch religiös-theologisch fragwürdige Abenteuer der Kreuzzüge bedeutete auch, paradoxerweise, eine Bereicherung der westlichen Kultur. Venezianische und genuesische Admiräle importierten aus dem Orient exzellente Landkarten, Gewürze (Zucker, Pfeffer, etc.), Lebensmittel, Teppiche, Damast und so weiter. Zum Beispiel lernten die Westeuropäer von den Muslimen sich zu rasieren und verstärkt auf die hygienischen Bedingungen im Alltag zu achten. Dabei war der sprachliche Austausch sehr effektiv. Im Folgenden wird ein Auszug aus dem Werk *Apollonius von Tyrland* von Heinrich von Neustadt wiedergegeben:

Do man dy hochsten maister vantt

Von astronomia

Und von nigromancia

Das sie im däten so zestund

Den wunderlichen trawm kund

Das er so hette vergessen.

[...]

Von gold zway reiche tassel

Wol gerundet sinewel,

Gesatzt mit reichen stainen̄

Grossen und klainen̄,

Jacincten und copassius,

Saffyr und smaragdus,

achatt und rubein,

Die zierten wol den mantel sein.[17]

Wörter wie *astronomia* oder *nigromancia* verraten den italienischen Einfluss; *Saffyr*, *smaragdus*, *achatt* und *rubein* lassen die orientalische Abstammung der Begriffe deutlich durchsickern. Und das sind nur einige ausgewählte Beispiele aus dem oben zitierten Werk.

Es ist an dieser Stelle wichtig zu erwähnen, dass das Mittelhochdeutsche eine Art Siegeszug antritt. Eindeutig vom Französischen und, wie bereits angedeutet, von anderen Sprachen beeinflusst (das Althochdeutsche hatte die lateinische Sprache als Vorbild), war diese Sprache nicht nur Monopol der Geistlichen. Aristokraten am Hof konnten sich bei ihrem höfischen Epos dieser Sprache bedienen. Das bedeutet auch, dass einzelne Wörter aus dem ritterlichen Milieu, die ursprünglich aus dem Französischen stammten (wie Tanz, Preis, Lanze, Turnier und so weiter), ihren Weg ins Deutsche fanden.

Der Minnesang fand nun seinen Eintritt in die Literaturgeschichte. Damit meint man in der Literaturwissenschaft die erotische Lieddichtung zwischen 1150 und 1450. Doch darf diese Definition nicht in die Irre führen, denn die Liebe wurde am Hof eher als eine Macht, die das ganze Dasein bestimmt und beeinflusst, betrachtet. Die aristokratische Frau wurde als Mittel zu Gott betrachtet, verehrt und teilweise sogar vergöttlicht. Erste Anstöße gab die lateinische Dichtung (man denke an die Vagantendichtung), wobei das französische Vorbild literaturhistorisch gesichert ist, denn schon vor 1100 dichteten Trobadors in provenzalischer Sprache. Dichter wie Reinmar und Walther von der Vogelweide, Hartmann von Aue, Wolfram von Eschenbach und Heinrich von Morungen waren um 1200 aktiv und zeichneten sich durch klassisch gewordene Liebesgedichte im Mittel-

---

[17] Zitiert nach http://www.mhdwb-online.de/Etexte/PDF/HVNST.pdf.

hochdeutschen aus, die heute immer noch studiert werden. Im Metzler-Literaturlexikon liest man hierzu:

„Kulturspezifisch ist die nicht immer explizite Verbindung mit moralischen und religiösen Vorstellungen: sittliche Vortrefflichkeit als Voraussetzung und Folge wahrer Liebe; die geschlechtliche Liebe als Abbild der spirituellen; die Liebe Gottes, die Erlösung des Menschen und die Verehrung Marias als Bildspender für die Liebe zwischen den Geschlechtern. [...] Der Sänger preist die Geliebte als Herrin (*frouwe*), der er dient, um als Lohn ihre Gunst (*genâde*) gewährt zu bekommen."[18]

Das Mittelhochdeutsche wurde also literarische Sprache am Hof, wo aristokratische Laien mit ihren Gedichten ihre Liebe bzw. ihre teilweise kodifizierte Vorstellung von Liebe zum Ausdruck bringen konnten (man denke dabei an die *dolce stil novo*-Strömung im mittelalterlichen Italien, die eine ganze Generation von jungen Dichtern prägte). Dieser Umstand ging zum Teil mit dem Abbau von dialektischer Diversität einher. Das heißt, dass diese Phase sprachhistorisch gewisse zentripetale Tendenzen aufweist. Mit der Hinwendung zur Thematik der Liebe und der Religion wurde überdies eine verstärkte Abstraktionsfähigkeit benötigt, ein Umstand, der zur Zementierung des Mittelhochdeutschen als Literatursprache beitrug. Wenn die lateinische Sprache für das Althochdeutsche als sogenannte Gebersprache galt, so war es nun das Französische, das diese Rolle einnahm.

An dieser Stelle scheint es angebracht zu sein, an eines der wichtigsten und teilweise rätselhaftesten, aber auch informativsten Werke dieser Phase im Mittelalter zu erinnern, nämlich an den sogenannten *Sachsenspiegel*. Es handelt sich um ein Rechtsbuch von Eike von Repgow. Geschrieben wurde es vermutlich zwischen 1220 und 1235. Für Experten und Forscher ist es von großer Bedeutung, da es eines der ersten Prosabücher in mittehochdeutscher (bzw. mittelniederdeutscher) Sprache darstellt.

---

[18] Vgl. Metzler-Lexikon, *Literatur*, J.B. Metzler, Stuttgart-Weimar, 2007, S. 502.

Im Folgenden wird ein Auszug aus dem *Sachsenspiegel* reproduziert:

(I, 1). Zwei swert liet Got in ertriche zu beschirmende die kristenheit; deme pavese ist gesazt daz geistliche, deme keisere das werliche. Deme pavese is och gesazt zu ridene [zu] bescbeidenir zit uph eyneme blanken pherde, unde die keiser sol ime den stegerip halden, durch das die sadel nicht ne wike. Diz ist die bezeichenisse: swaz deme pavese wedersazich si, daz her mit geistlicheme rechte nicht dwingen ne mach, daz ez der keiser mit werltlikeme rechte dwinge, deme pavese horsam zu wesende. So sal ouch diu geistliche walt helphen deme werltlichem gerichte, ob it iz bedarf. [...]

(I, 3). Zu der selven wis sint die hereschilde uzgelegit; den der koning den ersten hat; die bischopphe unde die abbate und ebbedischen den anderen; die leyen vorsten den dritten, sint sie der bischopphe man worden sint; die vrien herren den vierden; die schepenbare lude unde der vrier herren man den funften; ire man vord den sesten. Alse diu cristenheit in der sevenden werlt nichene steticheit ne weiz, wie lange siu stan solle, also ne weiz men ouch an dem sevenden schilde, ob her lenrecht oder herschilt haben moge. Die leyenvorsten habint aber den sesten schild in den sevenden gebracht, sint sie worden der bischopphe man. [...]

(I, 35). Al schat under der erde begraven diepher den eyn pluch geit horet zu der koninclichen gewalt. [...][19]

Der Versuch der schriftlichen Kodifizierung rechtlicher Regeln und Prinzipien ist bemerkenswert, zumal sich der Autor eindeutig an der italienischen Rechtsschule in Bologna bzw. an den Werken der juristischen Berater des Kaisers Friedrich II. orientiert.[20] Der Sachsenspiegel besteht aus juristi-

---

[19] Zitiert nach www.sachsenspiegel-online.de.
[20] Vgl. Annette Großbongardt, Johannes Salzwedel (hrsg.), *Leben im Mittelalter. Der Alltag von Rittern, Mönchen, Bauern und Kaufleuten*, München, Deutsche Verlags-Anstalt, 2014, S. 132: „In den dicken Filz eingeborenen, ungeschriebenen Rechts sickerte nun ganz neue Juristerei aus Italien: Von den gelehrten Wissenschaftlern aus der Rechtsschule in Bologna stammte neu komentiertes und systematisch geordnetes römisches Recht, die Digesten. In der gerade heftig sich modernisierenden Agrarhandelsgesellschaft machte

schen Grundsätze der Zeit. Die Bedeutung dieses Werkes liegt folglich nicht in dem Anspruch auf Vollständigkeit oder Wissenschaftlichkeit, sondern in dem von uns erworbenem Wissen über das juristische Denken der damaligen Zeit.

Eine wichtige Zäsur in der Geschichte Deutschlands und Europas war die große Pestepidemie in den Jahren 1348-49. Die Gründe für den Ausbruch dieser großen Beulenpestepidemie sind von Medizinhistorikern noch nicht ganz geklärt. Vermutet wird folgendes Szenario: Die in Frage kommenden Jahre sind als die *Kleine Eiszeit* in die Geschichte eingegangen, da es überall kälter wurde. Möglich ist, dass viele Ratten aus diesem Grund starben; ihre Flöhe, die nachweislich die Krankheit übertragen, suchten folglich andere Wirte. So wurden Tiere und Menschen angegriffen. Durch die guten Verkehrswege der Mongolen und den aufsteigenden Handel kam die Pest rasch nach Ost- und dann nach Westeuropa. Da das Pestbakterium (*Yersinia pestis*)[21] im Mittelalter nicht bekannt war und man in der allgemeinen Hilflosigkeit einen Sündenbock brauchte und suchte, wurde die jüdische Gemeinschaft in Europa für die Pandemie teilweise verantwortlich gemacht und entsprechend verfolgt.

Allerdings muss erwähnt werden, dass neben der oben geschilderten Theorie auch andere Hypothesen zur Erklärung der mittelalterlichen Pestepidemie postuliert werden. So scheint es von vielen Historikern akzeptiert zu sein, dass die Pest von genuesischen Schiffen nach Italien und dann nach Europa transportiert wurde. Die genuesischen Kolonien am Schwarzen Meer bzw. auf der Krim wurden von den Mongolen belagert und mit infi-

---

das fremde Recht mächtigen Eindruck: Diese Gesetze waren eindeutig und übersichtlich – und vor allem aufgeschrieben."

[21] Vgl. Paul Slack, *Die Pest*, Stuttgart, Reclam, 2015, S. 13: „Die wissenschaftlichen Techniken der Pathologie, Bakteriologie und Epidemiologie, die von den Erforschern der Cholera und anderen Seuchen im 19. Jahrhundert entwickelt wurden, wurden zum ersten Mal auf die Pest angewendet, als diese in den 1890er Jahren in den Städten Chinas und Indiens plötzlich zum Ausbruch kam. 1894 wurde das Bakterium zum ersten Mal isoliert: von dem Japaner Shibasaburo Kitasato, einem Schüler Robert Kochs, und von dem Schweizer Alexandre Yersin, einem Schüler Pasteurs, die beide in Hongkong arbeiteten und ihre Ergebnisse fast gleichzeitig vorlegten. Sie fanden ein Bakterium, das damals *Pasteurella pestis* hieß und heute zu Ehren Yersins *Yersinia pestis* genannt wird."

zierten Leichen beschossen, so dass, auch auf Grund der mangelnden Hygiene auf den Schiffen, die Krankheit sich überall verbreiten konnte. Man traf sich nur, um gemeinsam zu sterben. Gemeinsame Gebetsaktionen hatten die Folge, die Krankheit zu verbreiten.

Gleichzeitig reagierte der Kontinent durch verbesserte Kommunikationswege, neue Handelsimpulse und die langsame Entstehung eines neuen sozialen Gefüges und einer städtisch-bürgerlichen Kultur, die die alte Welt veränderte und teilweise verbesserte.
In diese Zeit fällt zum Beispiel die Entstehung der Hanse in Nord- und Osteuropa. Im Rahmen der Auseinandersetzung mit der Stadt Brügge (aber auch Mecheln und Antwerpen) wurde von norddeutschen Kaufleuten ein Embargo gegen Flandern verhängt, das das Ziel verfolgte, der dortigen Tuchindustrie zu schaden. Diese Kaufleute nannten sich bei diesem Anlass *dudesche hense* (1358), auch um ihre Zugehörigkeit in diesem wirtschaftlichen und unerbittlichen Kampf gegen Flandern zu betonen. Was in diesem Kontext von Bedeutung ist, ist der Umstand, dass wirtschaftliche Kapitale und eine große finanzielle Vernetzung nachgewiesen werden können. Nun stellt sich folgende Frage: Was für eine Rolle spielen diese historischen Ereignisse für die Entwicklung der deutschen Sprache? Warum wurde die neue Stufe im Leben des Deutschen, das Frühneuhochdeutsche, auf das Jahr 1350 festgelegt?
Die Verbindung ist vielleicht offensichtlicher, als man auf den ersten Blick annimmt. Handel bedeutet Spezialisierung. Handel und Wirtschaft bedürfen klarer Rechtsgrundlagen, einer klaren Einteilung der Aufgaben und Verwaltungsenergien. Dies führte dazu, dass nicht nur religiöse oder literarische Texte verfasst wurden, sondern auch juristische und technische, zumal die Verbreitung des Wissens in ganz Europa stark zunahm (Einführung des Papiers, Erfindung des Buchdrucks und rasante Zunahme von Publikationen; bis zum Jahre 1500 waren 27.000 Titel zu verzeichnen).

Diese neue Dimension des Handels und der Gesellschaft spiegelt sich in dem Wort *Abenteuer* wider. Die Rekonstruktion dieses Wortes verrät einiges über die aufkommende kapitalistische Gesellschaft und deren Ansprüche. Das mittelhochdeutsche Wort *āventiure* kam eindeutig aus dem Französischen *aventure*; die lateinische Wurzel ist *ad-venīre* (sich ereignen). Dazu liest man eine interessante Passage in der Abhandlung *Die deutsche Hanse. Eine heimliche Supermacht*, die nun reproduziert wird:

„Äußerlich waren Ritter und Kaufleute leicht miteinander zu verwechseln. Die Verkleidung als Kaufmann war für einen Adligen durchaus akzeptabel, was nur gelingen konnte, weil der Kaufmann „international geachtet, geschützt und respektiert" wurde. […] In der Erzählung von „Gawan" im „Parzival" des Wolfram von Eschenbach, geschrieben im ersten Jahrzehnt des 13. Jahrhunderts, werden aber auch die Merkmale herausgearbeitet, die den Ritter vom Kaufmann unterscheiden: adliges Wesen und Verhalten, die gepflegte Ausdrucksweise sowie die körperliche Konstitution, die von ständigen Übungen in ritterlich-militärischen Disziplinen geprägt ist, wohingegen die Kaufleute im Kampf ungeübt sind. […] Die enge Verbindung zwischen Fernkaufmann und Ritter spiegelt sich auch im Begriffe *āventiure*. Er bezeichnet die ritterliche Bewährungsfahrt ebenso wie den Handel des Fernkaufmanns. Von dort geht er über in den Begriff des wirtschaftlichen Risikos in der Sprache der kaufmännischen Buchführung des 14. Jahrhunderts."[22]

Über die Merkmale des Frühneuhochdeutschen schreibt Jörg Riecke, dass die Ausbreitung und die Durchsetzung der sogenannten neuhochdeutschen Diphthongierung (klassisches Beispiel *mîn niuwes hûs* > *mein neues Haus*) und der neuhochdeutschen Monodiphthongierung (klassisches Beispiel: *liebe guote brüeder* > *liebe gute Brüder*) sehr auffallend sind.[23]

Ein weiteres Merkmal des Frühneuhochdeutschen ist die sogenannte Konsonantenepenthese. Im Werk *Historische Sprachwissenschaft des Deutschen* liest man dazu:

---

[22] Gisela Graichen, Rolf Hammel-Kiesow, *Die deutsche Hanse. Eine heimliche Supermacht*, Hamburg, Rowohlt, 2013, S. 95-96.
[23] Vgl. Jörg Riecke, *Geschichte der deutschen Sprache. Eine Einführung*, Stuttgart, Reclam, 2016, S. 95.

Eine weitere Strategie zur Exponierung des phonologischen Wortes ist es, dessen Ränder zu stärken. Dies kann u.a. durch Erhöhung der Konsonantischen Stärke erreicht werden. Ein wichtiger Prozess, der diese Dimension des phonologischen Wortes betrifft, ist die fnhd. Konsonantenepenthese. Am häufigsten tritt ein dentaler Plosiv *d*, *t* als sog. epenthetischer Konsonant auf, z.B. mhd. *saf* nhd. *Saft*.[24]

Man beachte, dass man im alemannischen Dialekt oft statt der standardsprachlichen Form *anders* immer noch *anderst* sagt; in diesem Fall hat das Phänomen der Konsonantenepenthese tiefgreifende Spuren hinterlassen, die heute noch sichtbar sind.

Weitere allgemeine Merkmale des Frühneuhochdeutschen sind die Substantivgroßschreibung und der sogenannte Präteritalausgleich (mit der Folge einer klaren Markierung der Kategorie der Tempora).

Sicher leistete auch die Bibelübersetzung von Luther einen entscheidenden Beitrag. Die konfessionellen und religiösen Anspannungen spielten auch eine gewisse Rolle, da das Bedürfnis nach Verbreitung und Propaganda überall verspürt wurde.

So wurde das Deutsche von der Luther-Übersetzung der Bibel stark beeinflusst. Auf die Gefahr hin, etwas Bekanntes zu sagen, wird hier zur Bekräftigung unserer Argumentation auf ein paar Merkmale des großen Luther, des Reformators, hingewiesen. Luther war zweifellos ein begabter Mann mit einem tiefen, nahezu unerschütterlichen Glauben (nur einmal wagte er es, die Omnipotenz des Herrn anzuzweifeln, als er von schlimmen Koliken geplagt wurde). Er sah in den Osmanen und den Juden (man denke an das ominöse Büchlein *Von den Juden und ihren Lügen*) die größte Gefahr für das Christentum, tat die neuen astronomischen Erkenntnisse als Angriff auf das Wort Gottes ab und theoretisierte eine neue Konfession, in der das Motto *Pecca fortiter, sed fortius fide* zum Orientierungspunkt für alle Gläubigen wurde. Der große Reformator war eine extreme Persönlichkeit, er konnte

---

[24] Vgl. Nübling, Damaris, Dammel, Antje, Duke, Janet, Szczepaniak, Renata, *Historische Sprachwissenschaft des Deutschen*, 4. Auflage, Tübingen, Narr-Verlag, 2013, S. 37.

einerseits wegen einer verwelkten Blume bitter weinen und griff andererseits seine Feinde brutal an, zumindest verbal. Sein Verhalten war auch aus damaliger Sicht teilweise als fragwürdig oder gar verwerflich einzustufen, jedoch war er in der Lage, eine bahnbrechende Leistung zu vollbringen: die Übersetzung der Bibel. Natürlich hatte dieser Schritt auch bzw. primär ein theologisches Ziel. Was in diesem Kontext von Bedeutung ist, ist seine Erneuerung der deutschen Sprache. Die sprachlich-historische Situation in Deutschland war im 16. Jahrhundert ziemlich vielfältig. Üblicherweise unterscheidet man in der historischen Linguistik zwischen Oberdeutsch (Bayern, Franken, Baden, Schwaben und natürlich Österreich) und Niederdeutsch (Niedersachsen, Westfalen und die Küstengebiete). Manche sprechen auch von Mitteldeutsch, wobei vor allem Rheinland und Hessen gemeint sind. Das sprachliche Verdienst von Luther besteht nach Meinung der Experten vor allem in der Auswahl eines bestimmten Wortschatzes, der zwischen den verschiedenen Dialekten in dem chaotischen Sprachpanorama der Zeit vermitteln konnte. Zum Übersetzen gehört Passion, schreibt Ernst Jünger, denn es gehe darum, eine gewisse List walten zu lassen und wie ein Jäger oder Fallensteller auf den Wechseln der Sprachen wandeln zu wissen.[25] Luther widmete sich mit Herz und Verstand dieser Aufgabe. Die Genialität seiner Übersetzung besteht vor allem in dem Versuch, sich von der Strategie des wörtlichen Übersetzens zu trennen, um sich für sinngemäße, für alle verständliche Lösungen zu entscheiden. Schließlich wollte er nach eigenem Bekenntnis „dem Volk aufs Maul schauen".

So entschied er sich bei seiner Übertragung für Begriffe und Ausdrücke, die heute noch verwendet werden, also in die deutsche Sprache endgültig integriert wurden, und immer noch beweisen, inwiefern Euphemismen die Sprache weiterbringen und bereichern können: „Perlen vor die Säue werfen", „ein Buch mit sieben Siegeln", „im Schweiße des Angesichts", „Wolf im Schafspelz", „Lückenbüßer", „Feuertaufe", „Machtwort", „friedfertig", „Schandfleck" stellen nur einige Beispiele dar. Im Prinzip kann sogar be-

---

[25] Vgl. Ernst Jünger, *Strahlungen I*, München, Deutscher Taschenbuch Verlag GmbH & Co. KG, 2003, S. 312.

hauptet werden, dass Luther für die deutsche Sprache die gleiche Rolle spielte wie Dante Alighieri oder Alessandro Manzoni für die italienische.

Conrad Ferdinand Meyer schrieb über Luthers Übersetzung:

„Gerne höre ich deiner Sprache, Luther, zu

Wer braucht das Wort gewaltiger als du?

Auf einer grünumwachsen Burg versteckt,

Hast du die Bibel und das Deutsch entdeckt!

Ich las und alte Mär aus Morgenland,

In Fleisch und Blut verwandelt vor mir stand."[26]

Das geschriebene Deutsche von Luther wurde zum schriftlichen Orientierungspunkt für alle Deutschen.

Der Historiker Bruno Preisendörfer äußert sich dazu wie folgt:

Luther strebte nach dieser „Allgemeinverständlichkeit" zur Verbreitung seiner Botschaft in sämtlichen deutschen Gegenden mit Selbstbewusstsein, Energie und Ausdauer. Nicht nur metaphorisch lässt sich sagen, dass er und seine Mitarbeiter jenes Deutsch erfunden haben, das unserer heutigen Sprache zugrunde liegt. Seine Bibelübersetzung konnte deshalb sprachnormierende Kraft entfalten, weil regionale und dialektale Wendungen im Interesse überregionaler Verständlichkeit vermieden wurden. Der „gemeine Mann", der sich in jedem Kirchspiel, auf jedem Marktplatz anders

---

[26] Zitiert nach Gerhard Wehr, *Luther*, Kreuzlingen-München, Heinrich Hugendubel Verlag, 2004, S. 54.

ausdrückte und dessen Äußerungen immer lokal gefärbt waren, kann zwar als Adressat, aber eben gerade nicht als Normgeber für Luthers Spracharbeit gelten.[27]

Luthers Bibelübersetzung war also ein Meilenstein in der Geschichte der deutschen Sprache.
Doch dies stellt lediglich einen, wenn auch sehr wichtigen und sogar grundsätzlichen, Faktor dar. Die soziale und historische Konstellation begünstigte auf deutschem Boden einen unvorstellbaren Austausch von Wörtern und Begriffen, die das gesamte sprachliche Panorama empfindlich änderten. Im Bereich des militärischen, musikalischen und medizinischen Wortschatzes sind Einflüsse aus dem Italienischen, Französischen und Spanischen nachweisbar. Dies ist unter anderem auf bestimmte historische Ereignisse zurückzuführen:

1. Im 16. Jahrhundert begann die massive und teilweise rücksichtslose Kolonialisierung Amerikas. Das Aztekenreich wurde 1521 erobert, das Inkareich im Jahre 1533 (mit dem Tod des letzten Inka-Herrschers Atahualpa am 26. Juli 1533, der sich mit den Spaniern konfrontiert sah, nachdem seine Truppen, geschwächt und dezimiert, den Bürgerkrieg mit seinem Bruder Huáscar gewonnen hatten). Die Begegnung mit diesen Indiostämmen war traumatisch und zerstörerisch. Durch diese wurden einige wenige Indianerwörter übernommen bzw. nach Europa importiert, wie zum Beispiel das Wort *Tabak*. Woher es genau kam, kann man heute mit absoluter Sicherheit nicht mehr bestimmen (vielleicht von einer Karibikinsel). Es steht jedoch fest, dass spanische Söldner im Dreißigjährigen Krieg zur Zerstreuung Tabak rauchten und diesen auch so bezeichneten; das bedeutet, dass dieses Wort lange bekannt war.

---

[27] Bruno Preisendörfer, *Als unser Deutsch erfunden wurde. Reise in die Lutherzeit*, Berlin, Verlag Galiani, 2016, S. 44-45.

2. Die spanische Monarchie war zu dieser Zeit eine Weltmacht mit unglaublicher militärischer Schlagkraft, wie bereits angedeutet. Es dürfte nicht wundern, dass sich manche Begriffe wie *Armada* oder *Major* (ursprünglich war es eindeutig ein Komparativ) etablieren konnten (aber nicht *Infanterie*, wie manche Linguisten anzunehmen scheinen, ein Wort, das sicher italienischer Abstammung ist, it. *fante* > deutsch Infanterie).

3. Vom Jahr 1494 bis zum Frieden von Cateau-Cambrésis im Jahre 1559 (Italien wurde bis 1713 zu einer spanischen Kolonie) wüteten die sogenannten Italienkriege. Söldner aus ganz Europa dienten in den verschiedensten Armeen auf italienischem Territorium. Im Jahr 1527 wurde von protestantischen Söldnern im Dienste vom katholischen Kaiser Karl V. sogar Rom geplündert, damit der Papst zur Kapitulation gezwungen werden konnte. Die Folge war, dass viele italienische Wörter aus dem militärischen Bereich wie *Kanone*, *Rakete* oder *Lazarett* mit der Zeit ins Deutsche entlehnt wurden.

4. Das italienische Bankwesen war bahnbrechend und wurde von europäischen Kaufleuten angenommen, ein Umstand, der mit der dazugehörenden Terminologie einherging. Das deutsche Wort *Bank* ist sicher italienischer Herkunft. Die Spur katapultiert uns in das Florenz der Medici (im 15. Jahrhundert), in dem in den Kontoren Geschäfte unterschiedlichster Art abgewickelt werden. Diese wurden auf einem *banco* erledigt: Mit einer klaren Bedeutungserweiterung ging dieses Wort zur Bezeichnung einer *banca*, also einer Bank, über.[28]

---

[28] Vgl. Mathias Mesenhöller, *Ein guter Platz für Geschäfte*, in: Geo Epoche 85, 2017, S. 25. An dieser Stelle heißt es: „Eine Bank ist zunächst einmal das, was das Wort *banco* besagt: eine Art Werkbank, meist in einem eher kleinen Kontor, auf der alle Transaktionen schriftlich erledigt werden. In der Regel ist sie mit grünem Tuch bespannt. Es mag einige weitere Pulte mit Schreibern geben, Laufburschen, Lehrjungen. Meist in einem abgetrennten Winkel sitzt der Buchhalter am Abakus, dem siebenreihigen Rechenbrett. Selten gibt es in den einzelnen Filialen mehr als ein halbes Dutzend Angestellte, und sie hantieren weniger mit Gold und Silber als mit Papier, Feder und Siegellack: mit Brief-

In der bereits zitierten Abhandlung *Historische Sprachwissenschaft des Deutschen* liest man:

Ein wichtiger außersprachlicher motivierter Faktor, der Sprachwandel auslösen und beschleunigen kann, ist Sprachkontakt, der im Dt. jedoch nicht so stark gegeben war wie in anderen Sprachen (Englisch, Afrikaans, Dänisch, Schwedisch). Allenfalls befindet sich das Dt. in einem Dialekt- bzw. Varietätenkontakt, d.h. in einer internen Sprachkontaktsituation. [...] Die fnhd. Schreibsprachen haben sich im Kontakt miteinander nach und nach angenähert. Ganz anders sieht es bei externem Sprachkontakt aus: Das in den Süden Afrikas getragene Niederländische hat sich sprachkontaktbedingt so stark und rasant verändert, dass sich daraus eine neue Sprache, Afrikaans, entwickelt hat. Den Gegenpol bildet die Inselsprache Isländisch, die den geringsten Sprachkontakt hatte und unter den germ. Sprachen die konservativsten Züge (wie z.B. den Erhalt der drei Genera, den von Flexionsendungen, Ablaut, Umlaut und anderer grammatischer Eigenschaften) betrifft, so befindet sich das Dt., wenn man alle germ. Sprachen auf einer Skala zwischen Konservatismus und Innovatismus anordnen würde, gar nicht so weit vom Isländischen entfernt."[29]

Dieses Fazit scheint nicht ganz korrekt bzw. ganz präzise zu sein. Das Beispiel *Jiddisch* könnte angeführt werden, um zu demonstrieren, dass aus der Mischung Deutsch-Hebräisch auch eine neue Sprache entstanden ist. Die isländische Sprache hat sich in der Tat kaum weiterentwickelt, so dass heutige Isländer einigermaßen in der Lage sind, mittelalterliche Texte auf Altisländisch zu verstehen. Das ist jedoch für Deutsch nicht der Fall (das Lesen althochdeutscher Texte müsste sich für Deutsche im Allgemeinen als äußerst schwierig erweisen); der Sprachkontakt war im Laufe der Geschichte der deutschen Sprache so massiv, dass die ganze Sprache erheblich bereichert wurde. Mehr dazu wird in den folgenden Kapiteln gesagt.

---

bögen, die dreimal längs und dreimal quer gefaltet werden, mit einer Kordel verschlossen, versiegelt und in grobes, wasserdichtes Tuch geschlagen, bevor ein Kurier sie an ein einem Gürtel befestigt."

[29] Vgl. Nübling, Damaris, Dammel, Antje, Duke, Janet, Szczepaniak, Renata, *Historische Sprachwissenschaft des Deutschen*, 4. Auflage, Tübingen, Narr-Verlag, 2013, S. 314.

Die historische Linguistik bezeichnet die Zeit ab dem Jahr 1650 (im Prinzip bis heute) als die Phase des Neuhochdeutschen. Eine Tragödie und ein folgenreiches Ereignis in der Geschichte Deutschlands und Europa ist der Dreißigjährige Krieg (1618-1648). Diese Zäsur und die daraus resultierende Neuordnung helfen Sprachforschern bei der Datierung der theoretisch letzten Phase der Geschichte der deutschen Sprache: Das Neuhochdeutsche entsteht.

Die verschiedenen in der Barockzeit entstandenen Sprachgesellschaften, die primär ein sprachpuristisches Ziel verfolgten, und der langsame Untergang der lateinischen Sprache als Vehikel der neuen Ideen und sprachliches Charakteristikum der publizistischen Beiträge der Wissenschaftler und Humanisten der Zeit, katapultierten die deutsche Sprache in eine neue Ära, in der die Optimierung der inneren Struktur und die Stabilisierung der lexikalischen Dimension als langfristiges Ziel kategorisiert und mit Leidenschaft und Eifer verfolgt wurden.

Über die Aufklärung, den Sturm und Drang und die neueren Werke im protestantischen Milieu vervollkommnet sich die deutsche Sprache. Der neue Prosastil bemüht sich um eine gewisse Kohäsion zwischen Umgangssprache und schriftlichem *Pathos*. Damit gemeint ist allerdings auch der Abbau der regionalen Unterschiede zu Gunsten der Etablierung einer Standardsprache. Strategien zur Erneuerung der deutschen Sprachen waren in dieser Phase bekanntlich Euphemismen und Komposita.

Merkmale dieser Sprachphase sind zum Beispiel:

a) Der Präteritumsschwund: Die Formen des Präteritums werden in der Regel, aber nicht bei allen Verben, durch Formen des Perfekts ersetzt.

b) Die Stabilisierung und endgültige Verankerung der *würde*+Infinitiv-Konstruktion zum Ausdruck des Konditionalis.

c) Die langsame Etablierung einer Standardsprache, zum Beispiel durch eine klare, wenn auch leicht verspätete, Regelung der orthografischen Ebene.

Es war ein langer Weg, der über die Literatur von Goethe, Schiller, Nietzsche und andere zum heutigen Deutsch, mit all seinen metaphorischen Facetten und idiomatischen Konstruktionen, führte.

Für die Geschichte der modernen deutschen Sprache waren die zwei Orthografischen Konferenzen von 1876 und von 1901 von nicht zu unterschätzender Bedeutung. Die erste Konferenz beschränkte sich lediglich auf Vorschläge, wobei die hervorragenden Figuren der Sprachforscher Rudolf von Raumer (1815-1876) und Konrad Duden (1829-1911; im Jahr 1880 erschien sein *Vollständiges Orthografisches Wörterbuch der deutschen Sprache*, das als „Protoduden" gilt) hervorstechen. Doch das Bedürfnis nach deutlichen und vereinheitlichen Regeln drängte die deutschsprachige Welt zu einer zweiten Konferenz, in der wichtige Entscheidungen getroffen wurden, die noch heute teilweise ihre Gültigkeit haben, wenn auch in einem anderen Rahmen.

So wurde zum Beispiel entschieden, dass der Buchstabe *h* nach dem *t* wegfallen sollte. Dieser Umstand führte dazu, dass das Wort *Thal* nun in *Tal* verwandelt wurde: Der häufige Nachname *Thal* war jedoch auch rechtlichen Gründen von der Reform nicht tangiert, so dass viele heute diesen Nachnamen haben und sich jedoch der Verwandlung der Schreibform dieses Wortes nicht bewusst sind. Weitere Entscheidungen betrafen Worttrennung und Fremdwörter.

Das 20. Jahrhundert verdient in sprachhistorischer Hinsicht einen Sonderrahmen. Mit den beiden Weltkriegen und dem damit verknüpften Bedürfnis nach einer Art Propaganda, die es wusste, das Volk gezielt zu manipulieren und bewusst zu beeinflussen, entstanden so viele Euphemismen und Neologismen, dass sogar Lexika und Wörterbücher zu diesem Thema verfasst wurden.

Schon mit dem Begriff „Dolchstoßlegende" wurde eine Ära angefangen, die zur kriminellen und obskurantistischen Nazipropaganda führte und das deutsche Volk zum Teil verblendete.[30] An dieser Stelle wird also die Aufmerksamkeit auf das nationalsozialistische Vokabular fokussiert.

Dabei stützen wir uns unter anderem auf das Sachbuch *Der Hinrichter. Roland Freisler – Mörder im Dienste Hitlers* von Helmut Ortner, der einige Urteile des berüchtigten und barbarischen Volksgerichtshofes unter der Ägide von Roland Freisler recherchiert und zusammengestellt hat.[31] Ausgehend von den unten reproduzierten Auszügen werden im Anschluss manche Begriffe isoliert und kommentiert.

Text 1: Der Volksgerichtshof verurteilt Dietrich Tembergen zum Tode.

Begründung:

„Der Angeklagte fuhr jeden Morgen mit der Straßenbahn von Lintfort zu seiner Arbeit. Er benutzte dazu den Wagen, der um 6 Uhr abfährt. So tat er auch am Morgen nach einem schweren englischen Fliegerangriff auf die benachbarte Stadt Moers in der zweiten Hälfte des Monats Juli 1942. Er stieg in den nur mäßig besetzten Anhänger ein, in dem die Volksgenossin V. Schaffnerin war. Der Angeklagte holte einige englische Flugblätter hervor, zeigte sie und sagte, was da drin stehe, sei richtig. […] Der Verteidiger hat gemeint, der Angeklagte sei doch nur ein Meckerer. Aber dem kann der Volksgerichtshof nicht zustimmen. Wer mit feindlichen Flugblättern in der Hand öffentlich sagt, das Volk solle Revolution machen, der höhlt höchst gefährlich die innere Front aus, während der deutsche Soldat in schwerem Kampf sein Leben einsetzt. […] Er ist also kein Meckerer, sondern ein ge-

---

[30] Die Nazipropaganda wird an dieser Stelle unter anderem als „obskurantistisch" definiert, da die historischen Quellen keinen Zweifel darüber entstehen lassen, dass eines der Ziele Goebbels die totale Abschirmung des deutschen Volkes von der Wahrheit war. Alliierte Verhörprotokolle verraten zum Beispiel, dass deutsche Kriegsgefangene dachten, die Usa wären von japanischen Bomben getroffen worden und dass New York in Schutt und Asche läge. Es waren die Propagandalügen Goebbels, die den Soldaten mehr Mut zum Kampf einflössen sollten.

[31] Vgl. Helmut Ortner, *Der Hinrichter. Roland Freisler – Mörder im Dienste Hitlers*, Darmstadt, WBG (Wissenschaftliche Buchgesellschaft), 2013.

fährlicher Feind des kämpfenden Volkes. Er tut gerade das, worauf der Engländer spekuliert, wenn er Bomben und Flugblätter gemischt abwirft: das Volk zersetzen, seine Wehrkraft im totalen Krieg schwächen, den Feind begünstigen [...]."[32]

Man beachte folgende Wörter und Wendungen:

1. Volksgenossin

2. die innere Front aushöhlen

3. das Volk zersetzen, also Wehrkraftzersetzung

4. totaler Krieg

5. Feindbegünstigung.

Diese Begriffe hatten während des Zweiten Weltkrieges nicht nur juristische Gültigkeit, sondern sie stellen eine neue, politisierte Ebene der deutschen Sprache dar. Anhand dieser Begriffe kann man ein ganzes ideologisches Konstrukt rekonstruieren. Wer sich der Straftat der Feindbegünstigung oder der Wehrkraftzersetzung schuldig macht, positioniert sich außerhalb der „rassischen" Gemeinschaft der Deutschen, ist kein Volksgenosse mehr und wird zum Verräter, der es verdient, ausgemerzt zu werden. In der Tat wurde der Angeklagte am 8. April 1943 in Berlin-Plötzensee hingerichtet.

Text 2: Das Volksgerichtshof verurteilt Wilhelm Alich zum Tode.

Begründung:

„Wilhelm Alich ist ein Geschäftsmann, der für unser Gemeinschaftsleben als Volk offenbar wenig übrig hat: nicht einmal der NSV gehört er an – er habe eben immer seinen geschäftlichen Arbeiten gelebt. Und das, obgleich er an Gehalt und Umsatzprovision mit mindestens 700 RM monatlich rechnen

---

[32] Ebenda, S. 167-171.

kann. Kurz nach dem Verrat an Mussolini kam er geschäftlich in die Zweigniederlassung der Kreissparkasse in Rogätz, sagte dem Zweigstellenleiter Vg. Ollendorf, Mussolini sei zurückgetreten und auf das Führerbild an der Wand deutend, der müsse auch zurücktreten, der habe so viel Unglück über das deutsche Volk gebracht, wie er in seinem ganzen Leben nicht wieder gutmachen könne. Er müsse erschossen werden, wenn es keiner tun wolle, solle man ihn herbringen – er würde es tun!!! Dabei steigerte er sich aus anfänglicher Ruhe in immer höhere Erregung hinein. [...] Der Verteidiger bat, Alichs Geisteszustand zu untersuchen; 1923 habe er Syphilis bekommen und 1924 einen Autounfall gehabt; vielleicht sei er deshalb heute schuldunfähig. Aber [...] wo käme das deutsche Reich hin, wenn es das als Entschuldigung annähme oder als Milderung werten wollte, wenn jemand eine so grauenvolle Tat wie diese begeht? [...] Denn er [Alich] hat sich in schlimmster Weise zum Zersetzungspropagandisten unserer Feinde gemacht und ist sich darüber auch klar [...]. Dann muss er eben aus unserer Mitte ausscheiden. [...]."[33]

Interessante Begriffe für die Begründung des Urteils sind: *Zersetzungspropagandist* und *aus der Mitte ausscheiden*. Die Volksgemeinschaft verstand sich also als Einheit, in der zum Beispiel die demokratische Gewaltenteilung zu Gunsten des Führerprinzips überwunden wurde, ein politischer Ansatz, der nur Tod und Zerstörung über Deutschland brachte. Die Gewaltenteilung wurde als Überbleibsel der Vergangenheit angesehen, ein Konstrukt, das prinzipiell zustande kommt, weil das Vertrauen der Regierten gegenüber den Regierenden fehle, so die Meinung der nationalsozialistischen Ideologen. Dies werde überwunden, wenn die drei Gewalten, so wie sie die Demokratie kennt, vereint werden. Die logischen und argumentativen Fehler sind unübersehbar.

Weitere Begriffe, die sich aus den Urteilen von Freisler herauskristallisieren und in die bereits gezeichnete Richtung gehen, sind:

a) Parteigenosse

---

[33] Ebenda, S. 173-177.

b) defätistische (oder defaitistische) Hetzpropaganda
c) zersetzende Hetzpropaganda
d) Zersetzungsreden
e) Ehrlos (↔ Volksgenosse / Volksgenossin)

Diese Ideologie, die das Individuum mit seiner Eigenart und seinen Bedürfnissen völlig unterdrückt und unterordnet, verfolgte also im Prinzip das Ziel der Überwindung der kontraktualistischen Idee und sah in der Entstehung der demokratischen Gemeinschaft extrinsische Prämissen am Werk.

Roland Freisler selber, der Henker Hitlers, äußerte sich dazu:

[...] über den Zweck des Strafrechts galt es allerdings, eine Entscheidung zu fällen.

Das deutsche Volk, seinen Bestand und seine Kraft, seinen Lebensfrieden, vor allem also auch seine Zeugungs- und Gebärkraft wie seine Arbeitsruhe gegen Angriffe von innen heraus zu sichern, das erschien in erster Linie als Aufgabe des Strafrechts.

Das Strafrecht ist also in erhöhtem Maße ein Kampfrecht, und der Gegner, den es bekämpfen soll, ist eben der, der Bestand, Kraft, Frieden des Volkes von innen aus bedroht. Dieser Gegner ist nicht nur derjenige, der im tatsächlichen Einzelfall des Lebens diesen Frieden angreift, es ist der Typus des Friedensstörers, zu dem die Veranlagung wie zu allem in jedem Volksglied embryonal vorhanden ist, es ist praktisch gesprochen jeder, der das Prinzip des Asozialen, Anarchischen, Unrechten, Bösen in seinem Leben zu verwirklichen bereit ist, da er dadurch von selbst zum Friedensstörer sich auswächst.

Aus solcher Zwecksetzung des Strafrechts ist die Beantwortung der Frage, ob es nur eine Reaktion auf vom Menschen herbeigeführtes Unrecht, zugefügte Schädigung, sein will oder ob es eine dauernde Selbstreinigungsapparat des Volkskörpers sein soll, im letzteren Sinne zu entscheiden.

Und aus der Erkenntnis des Strafrechts als Kampfrechts folgt ebenso selbstverständlich das Ziel dieses Rechts, den Gegner nicht nur zu bekämpfen, sondern zu vernichten. Denn jeder Kampf zielt auf den Sieg ab und findet seine Genüge nicht in sich selbst.

Das Strafrecht muss also bestrebt sein, den Friedensstörer, und zwar nicht nur den tatsächlichen Friedensstörer des Einzelfalles, sondern den Typus Friedensstörer im Volke, den Träger des asozialen Prinzips im Volke überhaupt, zu vernichten, indem es ihn für immer der Eigenschaft als Träger dieses Prinzips entkleidet. [...]

Bestraft wird demnach der Wille des Täters, nicht die Tat.[34]

Nun wird klar, worauf diese Begriffe des nationalsozialistischen Strafrechts abzielten: Es ging um die Vernichtung der Feinde zu Gunsten des „gesunden Volkskerns".

Diese Ideologie stellt einen roten Faden der damaligen Strafrechtler dar. So schrieb Ernst Rudolf Huber, der sich mit dem „totalen Staat" rechtlich und philosophisch auseinandersetzte:

Die Totalität der völkischen Idee bedeutet deshalb zugleich auch eine *Totalität der völkischen Wirklichkeit*.

Nun bezeichnet der Begriff des Volkes, wenn man von der völkischen Wirklichkeit ausgeht, einen doppelten Tatbestand. Einmal bedeutet Volk die Vielheit der volkszugehörigen Menschen in ihrem ungeformten Dasein, das heißt in ihrem Interessendenken, ihrem Eigenstreben, ihrer Selbstflucht. Zum anderen bedeutet Volk die politische Einheit von Menschen, die aus der Gemeinsamkeit von Blut und Boden, geschichtlichem Auftrag und geschichtlicher Tat entsteht. [...] Der Nationalsozialismus gründet sich [...] auf das Volk, das aus sich selbst politische Einheit ist, und die Einheit ist ihm nicht nur in der Idee, sondern gerade in der Wirklichkeit des Volkes gegeben. [...] Im völkischen Staat gewinnt diese Einheit des politischen Volkes *dauernde Existenz*. [...] Das politische Volk ist eine totale völkische

---

[34] Vgl. Herlinde Pauer-Studer, Julian Fink (hrsg.), *Rechtfertigungen des Unrechts. Das Rechtsdenken im Nationalsozialismus in Originaltexten*, Berlin, Suhrkamp-Verlag, 2014, S. 458-461.

Lebenseinheit. Auf die Totalität des politischen Volkes kommt es wesentlich an.[35]

Die Liste der besonderen Euphemismen und Neologismen im Nationalsozialismus ließe sich fortsetzen: Plutokratie, Reichsprotektorat, lebensunwertes Leben, Sonderbehandlung, Gauleiter, Gestapo, SS, SA, Reichssicherheitsdienst, Achsenmächte, Reichsarbeitsdienst, Propagandaminister, Endlösung der Judenfrage, Einsatzgruppen, etc.

Wozu die sogenannten „Einsatzgruppen", deren Bezeichnung eben eher irreführend ist, fähig waren, ist bekannt. Deutsche Ostfront-Soldaten berichteten, dass sie diese Einsatzgruppen über die Front begleiten mussten, dass sie dann ihre eigenen Befehle hatten und selbstständig agierten. Ein hoher Offizier der Heeresgruppe Nord in der Sowjetunion schrieb, dass SS-Kommandos der Einsatzgruppen in Kowno (Litauen) mehrere Juden zusammenpferchten, sie mit Stöcken zu Tode prügelten und dann auf den gemarterten Leichen sangen, tanzten und Musik machten. Danach wurden die Leichen weggeschafft und neue Juden kamen für dieselbe „Sonderbehandlung".[36] Die Bezeichnung „Einsatzgruppen" ist folglich eine neutrale Formulierung für Mörder und Kriminelle, die im Namen einer kranken Ideologie hinter der Front agierten.

Bemerkenswert ist der Umstand, dass auch die anderen Achsenmächte, Japan und Italien, sich vieler Euphemismen und Neologismen bedienten, um ihre manipulative Kriegsführung umzusetzen.

Das faschistische Italien sprach zum Beispiel in der Anfangsphase des Zweiten Weltkrieges von *non-belligeranza*. Dieses Wort wurde von Benito Mussolini (1883-1945) persönlich erfunden, um die theoretische Bereitschaft seines Landes, auf der Seite Nazideutschlands in den Krieg zu ziehen, zu signalisieren, ohne sich jedoch zunächst in die Kampfhandlungen verwickeln zu lassen: Es war also eine Art taktische Neutralität, was Mussolini je-

---

[35] Ebenda, S. 283-284.
[36] Vgl. Joachim Fest, *Obiettivo Hitler. La resistenza al nazismo e l'attentato del 20 luglio 1944*, Bologna, Garzanti, 1998, S. 164-165.

doch nichts nutzte: Er zog doch in den Krieg gegen die westlichen Demokratien und die Sowjetunion und verlor.

Es dürfte im Allgemeinen wenig bekannt sein, dass Benito Mussolini aus politischen und ideologischen Gründen eine ziemlich irrationale sprachpuristische Politik verfolgte, die, im Geiste des autarkischen und nationalistischen Prinzips, Entlehnungen aus anderen Sprachen sozusagen romanisierte. Es war ein regelrechter Kampf gegen Wörter ausländischer Herkunft.

Beispiele davon sind:

Hotel: albergo

Rugby: gioco della palla ovale

Basket: pallacanestro

Offside: fuori gioco

Krapfen: bombolone

Gulasch: spezzatino all'ungherese

Toast - pane tostato

Buffet: rinfresco

Garage: rimessa

Es ist wirklich bemerkenswert, wie die faschistischen Ideologien zu ihren absurden und verbrecherischen Zwecken sogar linguistische Methoden einsetzten. Manche Neologismen sind in Italien immer noch üblich, ja sogar fest in der Alltagssprache verankert (pallacanestro, albergo, etc.).

Was Japan anbelangt, so sprach man während des gesamten Pazifikkrieges von *Trostfrauen*. Diese waren in Wahrheit Zwangsprostituierte aus Korea, China und den anderen besetzten Gebieten, die der japanischen Armee sexuell dienen mussten: ein grausames Kriegsverbrechen, das nach dem Krieg nicht genug bestraft wurde. Selbst das langfristige militärische Ziel der japanischen Armeeführung, die Kreation der sogenannten *Großasiatischen Wohlstandssphäre,* natürlich unter japanischer Ägide, müsste als euphemistische Umschreibung der Besetzung freier Länder verstanden werden. Wie man sieht, war es eine politische und propagandistische Notwendigkeit, Kriegsaktionen und vor allem Kriegsverbrechen rhetorisch zu beschönigen, ohne dass deren inhumane Dimension jedoch wirklich versteckt werden konnte.

Selbst der nach dem Krieg ausgebrochene Kalte Krieg entzog sich nicht dieser Notwendigkeit. Wörter wie *Klassenfeind, reaktionäre Feinde, Stellvertreterkriege, Entnazifizierung,* etc. waren in aller Munde und beschrieben eine Welt, in der die Worte teilweise sogar die Waffen ersetzten. Dies gilt übrigens auch für die Zeit der DDR, in der Slogans wie *Wir sind das Volk* das politische Leben des Landes prägten.

Erwähnenswert in dieser Studie ist nun die Rechtschreibreform vom Jahr 2006. Dabei wurden mehrere unklare oder veraltete orthografische Regeln endlich fixiert. Sowohl die Getrennt- und Zusammenschreibung als auch die Groß- und Kleinschreibung sind sinnvoll reglementiert worden. Die wichtigsten Regeln sind:

1. Nach einem Diphthong oder langen Vokal wird in der Regel ß eingesetzt. Beispiel: außen, draußen, Fuß, sich äußern, etc. Nach kurzem Vokal muss im passenden Fall *ss* verwendet werden. Beispiel: Hass, blass, etc.

2. Bei der Kombination Substantiv + Partizip Präsens kann man das in Frage kommende Wort getrennt schreiben. Zu beachten ist, dass das Substantiv in diesem Fall großgeschrieben werden muss. Beispiel: Gewinn bringend (aber auch: gewinnbringend).

3. Nominalisierung: Substantivierte Wörter müssen immer großgeschrieben werden: das Singen, das Spielen, im Allgemeinen, des Öfteren, etc.

4. Im Gegensatz zu anderen Sprachen ist der Gebrauch des Kommas im Deutschen nicht optional. Das Komma trennt prinzipiell den Hauptsatz vom Nebensatz, wobei diese Regel nicht immer angewandt werden kann bzw. soll. Es gelten einige Ausnahmen.
Beim Gebrauch des Kommas muss unter anderem auf die Apposition oder die Infinitivgruppen geachtet werden. Falls eine Parenthese vorhanden ist, muss diese von Kommata eingeschlossen werden.

„Mit jeder Sprache mehr, die du erlernst, befreist

Du einen bisdaher in dir gebundnen Geist,

Der jetzo thätig wird mit eigner Denkverbindung,

Dir aufschließt unbekannt gewesne Weltempfindung,

Empfindung, wie ein Volk sich in der Welt empfunden;

Nun diese Menschheitsform hast du in dir gefunden.

Ein alter Dichter, der nur dreier Sprachen Gaben

Besessen, rühmte sich, der Seelen drei zu haben.

Und wirklich hätt' in sich nur alle Menschengeister

Der Geist vereint, der recht wär' aller Sprachen Meister."

Friedrich Rückert, *Die Weisheit des Brahmanen*

Kapitel 3
Etymologische Streifzüge: Zur Geschichte einiger Wörter im Deutschen

In diesem Kapitel wird die Aufmerksamkeit auf den Umstand gelenkt, dass die verschiedenen Substrate oder Entlehnungen aus anderen Sprachen, die im Laufe der Geschichte der deutschsprachigen Welt begegnet sind, im Deutschen teilweise zwar versteckt, im Grunde jedoch präsent und absolut konstitutiv sind. Die Argumentation beschränkt sich zunächst auf die Analyse einzelner Etymologien, die jedoch einen exemplarischen Charakter aufweisen und für die im Vorwort erklärten Ziele als geeignet erscheinen.

Dies wird anhand des folgenden Schemas deutlicher:

- **Präindoeuropäisches** Substrat

- **indoeuropäischer** Wortschatz, der unter anderem über das Leben und die Gesellschaftstypologie der damaligen Völker Aufschluss gibt, und **germanische** Erbwörter

- **lateinische, griechische** und **arabisch-persische** Einflüsse (die Darstellung der arabisch-persischen Einflüsse ist so umfassend, dass ein Extrakapitel, Kapitel vier, diesem Thema gewidmet ist)

- **romanische** oder **sonstige** Einflüsse in Folge von bestimmten politischen Konstellationen und historischen Ereignissen

- ständige **Neologismen** in Form von Anglizismen (z.B. *googeln*), Romanismen (z.B. *latte macchiato*) oder eventuell Arabismen (wie zum Beispiel bei dem relativ neuen Wort *Dschihadist*), die sich nach kurzer Zeit fest etablieren (aus politischen, sozialen und wirtschaftlichen Gründen).

Etymologische Studien haben die Abstammung vieler Wörter, die wir alltäglich benutzen und die einen großen Teil unseres Wortschatzes ausmachen, rekonstruiert und bei dem breiten Publikum bekannt gemacht. Andere Wörter, die heute ungebräuchlich oder sogar untergegangen sind, weisen ebenso interessante Wurzeln auf, und es ist die Aufgabe des Philologen oder des Germanisten, diese in den richtigen kulturellen Kontext der Zeit einzuordnen und ihren langen Weg zu uns nachzuzeichnen. Im Folgenden werden einige dieser Wörter bzw. Begriffe präsentiert und deren Herkunft auf die besagte Weise herausgearbeitet.

3.1 Präindoeuropäisches Substrat

Wenn von Etymologie die Rede ist, stellt die Klärung des Begriffes *Substrat* die *Conditio sine qua non* dar. Das Substrat einer Sprache besteht in dem Einfluss einer untergegangenen oder von einer späteren sprachlichen Schicht übernommenen oder einverleibten Sprache eines früheren, zum Beispiel autochthonen Volkes. Dies stellt keine Besonderheit des Deutschen dar, denn das gilt als ein allgemein beobachtbares Phänomen. So konfluierten pelasgische Elemente ins Altgriechische, einfach aus dem Grund, dass diese Sprache im Ägäisraum in der vorhistorischen Zeit, also auch vor Griechisch, in dieser Gegend gesprochen war (die Pelasger waren höchstwahrscheinlich aus dem Nahen Osten gekommen). Das griechische Wort für *Meer*, nämlich θάλαττα, war sicher eine Entlehnung aus dem Pelasgischen (das altgriechische Wort für „See" ist nicht mit λίμνη zu verwechseln, das ja Süßwassersee bedeutet).

Es wird in etymologischen Wörterbüchern in der Regel angeführt, dass das Wort *Labyrinth* vorindoeuropäisch und über das Griechische (λαβύρινθος) ins Deutsche gelangt ist. Hier gilt es jedoch zu differenzieren. Als vor zirka 4000 bis 6000 Jahren indoeuropäische Stämme aus den südrussischen Steppen den langen Weg nach Westeuropa antraten – und es gilt zu beachten, dass dieser Massenexodus langsam war und in verschiedenen Etappen erfolgte, wie im ersten Kapitel dieser Arbeit dargelegt wurde -, trafen sie überall auf präindoeuropäische, autochthone Völker, welche den Invasoren aus dem Osten hoffnungslos unterlegen waren, über keine Pferde oder Kriegsgeräte verfügten und somit dem Untergang geweiht waren. Einige präindoeuropäische Gesellschaften waren jedoch sehr zivilisiert, matriarchalisch organisiert und sprachen eine heute aus selbstverständlichen Gründen unerforschbare Sprache (man kann sich heute trotzdem eine vage Idee dieser Sprachen machen, vor allem anhand unserer Kenntnisse des Baskischen, des Finnisch-Ugrischen und eventuell des Etruskischen). Diese hinterließ jedoch Spuren, die wohl erkennbar sind und dem trainierten sprachwissenschaftlichen Auge nicht entgehen. Es ist beispielsweise von Linguisten herausgearbeitet worden, dass das in Frage kommende Wort *Labyrinth* auf präindoeuropäische Einflüsse zurückzuführen ist. Denn das frühere Wort für Stadt war möglicherweise *ur* und das sieht man unter anderem am (präindoeuropäischen) Baskischen, in dem das Wort *uri, iri* (= für Stadt) übrig geblieben ist. Man nehme das sumerische *Uruk*. Diese antike Stadt am Euphrat war von einer 10 Km langen Mauer umgeben und hier entstand nach der Meinung vieler Archäologen die sumerische Keilschrift, die ab 3000 Jahren vor Christus dokumentiert ist. Einige präindoeuropäische Sprachen besaßen auf Grund ihrer Kultur und ihrer Umwelt – es handelte sich ja um eine neolithische Kultur - mehrere Wörter für den Begriff *Stein*, z.B. *kar-, *mal- (das findet man auch im früheren *Maleventum*)[37] und *lap- bzw. *lep- (z.B. lateinisch *lapis*, griechisch λέπας).

So kann die Abstammung von *Labyrinth* definitiv eingeordnet und geklärt werden: Es bedeutet ursprünglich *Stadt aus Stein*, wie auch an dem griechischen Wort erkennbar ist: λαβ > Stein, ύρ > Stadt (präindoeuropäische Herkunft).[38] Über das Griechische und Lateinische kam das Wort ins Deutsche:

---

[37] Diese bedeutende samnitische Stadt wurde nach der Niederlage des Pyrrhos in *Beneventum* umgetauft und wurde im Jahr 268 v. Chr. römische Kolonie mit dem entsprechenden Bürgerrecht.

[38] Vgl. Francisco Villar, *Gli indoeuropei e la nascita dell'Europa*, Bologna, Il Mulino, 1997, S. 102-104.

Präindoeuropäisch *ur* > Griechisch ύρ > Latein > *urbs*, Deutsch > *urban*, *Urbanisierung*.

Auch andere Wörter unserer Sprachen besitzen eine präindoeuropäische Abstammung, die, in den richtigen Kontext eingebettet, viele und interessante Informationen über die kulturelle Welt dieser von den indogermanischen Invasoren absorbierten Völker geben.

Wörter wie *Origano, Rose, Lilie, violett* oder *Wein* sind nach der Ansicht vieler Sprachforscher präindogermanische Begriffe, die zu einem späteren Zeitpunkt in die neuen Sprachen konfluierten.[39]

3.2 Indoeuropäischer Wortschatz:

Bekannte Etymologien indogermanischer Herkunft sind zum Beispiel *Rad, Achse, Joch* und *Weg* (Wortstamm *wegh-). An dieser Stelle wird auf eine Wortwurzel hingewiesen, die unter Linguisten wohl bekannt ist, bei den meisten jedoch auf Verwunderung stoßen wird. So wie die Römer in manchen Teilen Germaniens ihre Burgen und Festungen aus unterschiedlichen Gründen auf höherer Ebene bauten (zum Beispiel um der Mückenplage zu entkommen, wie in Mainz), so bauten die Indoeuropäer ihre Städte zur eigenen Verteidigung auf einem Hügel oder jedenfalls auf leicht erhöhtem Territorium. Wahrscheinlich bestand der wichtigste Grund in der Abwehr gegen feindlich gesinnte Nachbarn, die den Wohlstand dieser Gruppen beneideten. Francisco Villar postuliert, dass das ursprüngliche Wort für Stadt **plH-s** war, das eine klare Entsprechung im Sanskritischen (pūr = Stadt), im Griechischen (πόλις) und im Litauischen (pilis), was ja Schloss bedeutet, aufweist.

Die Kelten und die Germanen verwendeten ein altes indoeuropäisches Wort für *hoch* bzw. *erhöht*, nämlich *bhrgh-. *plH-s* blieb dann mit der allgemeinen Bedeutung *Stadt*, z.B. bei Dekapolis, Persepolis, Konstantinopel,

---

[39] Ebenda, S. 104.

während -*burg* die germanische Entsprechung darstellt: Hamburg, Wolfsburg, Luxemburg, etc. (vgl. im prärömischen Spanien *brig*-).[40]

Generell sind es wohl primär Wörter aus dem semantischen Feld des Militärs, die diese Herkunft aufweisen, da die indogermanischen Immigranten und Eroberer ein Kriegervolk waren. Andere bekannte und erforschte Gebiete sind: Verwandtschaftsbezeichnungen (Vater, Mutter, Sohn, Tochter, etc.), Ackerbau, Haus und Tierwelt (allgemein bekannt ist beispielsweise die Abstammung von *Schaf* oder das ursprünglich onomatopoetische *Kuh*).

An dieser Stelle wird die Aufmerksamkeit exemplarisch auf das Erbwort **Berserker** fokussiert. Dieser Ausdruck ist in idiomatischen Wendungen bekannt (zum Beispiel *wie ein Berserker toben* oder *Berserkerwut*), jedoch ist die Abstammung desselben den meisten weniger geläufig. Ähnliche Redewendungen existieren auch in anderen germanischen Sprachen, zum Beispiel im Englischen: *to go berserk*. Was versteckt sich dahinter?

Die Forschung über die Herkunft dieses Wortes führt in die Zeit der Wikinger zurück. Bekanntlich war ein Berserker ein „wilder altgermanischer Krieger" (aus dem Altisländischen *ber*-, Bär, und *serkr*, Hemd, Gewand). Schon zur Zeit des umstrittenen Haralds I. „Schönhaar" (852 - 933) wurden sie im Krieg eingesetzt.[41] Sie hatten besondere Privilegien und trugen Bärenfell auf dem Schlachtfeld, um sich mit diesem Tier besser zu identifizieren und dessen Aggressivität in sich aufzunehmen. Die Grundbedeutung des Wortes ist folglich erklärbar, wenn man die Besonderheiten dieser Elitegruppe berücksichtigt.

---

[40] Ebenda, S. 136-137.
[41] Der norwegische König soll auf Grund seiner zentralistischen Politik einer der Gründe für den Massenexodus der Norweger in Richtung Island gewesen sein, das nach Mitte des 9. Jahrhunderts, ab 870, von norwegischen Immigranten besiedelt und kolonialisiert wurde (dieser Prozess war 930 im Prinzip abgeschlossen). Vésteinn Ólason schreibt bezüglich der Emigrationswelle: „Vielleicht spielte auch Überbevölkerung eine Rolle. Isländische Autoren des 13. Jahrhunderts stellen hingegen die Erklärung in den Vordergrund, dass sich mächtige Bezirksoberhäupter in Norwegen den Bestrebungen König Harald Schönhaars, das Reich unter seiner Herrschaft zu vereinen, widersetzten und es vorzogen, sich ihre Unabhängigkeit durch Emigration zu bewahren." Vgl. Vésteinn Ólason, *Die Isländersagas. Im Dialog mit der Wikingerzeit*, Kiel, Ludwig, 2011, S. 25.

Auch die heutigen Bezeichnungen für verschiedene Sorten von Waffen dürfen als Erbwörter kategorisiert werden.

Man beachte folgende Tabelle:

Deutsch	Isländisch	Schwedisch	Norwegisch	Dänisch
Bogen	boga	båge	bue	bue
Schwert	sverð	svärd	sverd	sværd
Schild	spjald	sköld	skilt	skjold
Pfeil	ör / píla	pil	pil	pil

Dadurch werden eine ganze Welt und ein ganzes Weltbild widerspiegelt, die die gesamte germanische Welt vereinte.

3.3 Lateinische und griechische Einflüsse

Im Jahr 168 v. Chr. war es so weit. Der makedonische Staat, Erbe des Glanzes Alexander des Großen, war untergegangen. Rom übte nun, nach der chaotischen Zeit der Diadochen-Herrschaft, seinen politischen und militärischen Einfluss auch auf die griechische Welt aus. Nach drei für beide Parteien verlustreichen Kriegen – dem 1. Makedonischen Krieg, 215-205 v. Chr., dem 2., 200-197 v. Chr. und dem dritten Krieg, 171-168 v.Chr. – übernahm Rom die Macht über die griechische Welt (ab 148-146 auch formal römische Provinz).

Philipp V. von Makedonien (221-179) hatte die folgenschwere Entscheidung getroffen, sich nach der Schlacht von Cannae (im Jahre 216) mit Hannibal zu verbünden, im falschen Glauben, dass der karthagische General schon gewonnen hatte; die Reaktion Roms - es verbündete sich mit den Ätolern und schickte motivierte und kampferprobte Soldaten nach Griechenland - zeigte den Willen der Großmacht, eine Strafexpedition zu starten, zumal der Zweite Makedonische Krieg ohne klaren oder echten *casus belli* ausgebrochen war und mit der Niederlage Philipps in Kynoskephalai endete. Mit dem dritten Krieg wurde der mittlerweile morsche makedonische Staat beseitigt und Griechenland 148 v.Chr. in Folge eines zerschlagenen Aufstandes gegen die römische Besatzung annektiert.

Die griechische Sprache und die griechische Philosophie kamen nach Rom und eroberten die Hauptstadt des Reiches. Julius Caesar (100-44 v.Chr.) konnte Latein und Griechisch (jedoch definitiv nicht Hebräisch, wie von manchen irrtümlich und grundlos behauptet oder vermutet wird) und das war damals typisch. Die Eliteklassen waren im alten Rom im Prinzip zweisprachig.[42] Man muss jedoch an dieser Stelle den Umstand betonen, dass das Jahr 146 v.Chr. nicht als der Ausgangspunkt betrachtet werden darf, sondern als Kulminationspunkt eines Prozesses, welcher viel früher, zu der Zeit der Magna Graecia, begonnen hatte. Ein griechischer Philosoph namens Herakleides Pontikos (ca. 388-310 v.Chr.) hatte Rom beispielsweise als πόλις ἑλληνίς definiert, vor allem weil die griechische Kunst in Rom so klar Fuß gefasst hatte und die ganze Stadt prägte. Die römische Aristokratie ließ sich von griechischen Philosophen und Poeten umgeben, da man die traditionellen Werte und Tugenden der römischen Gesellschaft mit denen der griechischen παιδεία verbinden wollte. In diesem kulturellen Klima entstand der Begriff *humanitas*. Im ersten Jahrhundert vor Christus sah man die stoische Philosophie mit einem gewissen Wohlwollen, während man dem Epikureismus mit Skepsis und Abneigung begegnete. Dieser Überblick zeigt jedenfalls, dass der griechische Einfluss auf Rom auf die Ursprünge der römischen Geschichte zurückgeführt werden kann. Eine Folge

---

[42] Interessant wäre auch eine Vertiefung des Themas „Die Macht der Worte" bei Caesar (und in der Geschichte im Allgemeinen), ein Thema, das leider in diesem Kontext unberücksichtigt bleiben muss. Es ließen sich ja mehrere Beispiele anführen. Es sei jedoch exemplarisch auf Folgendes hingewiesen: Als Julius Caesar zu Beginn des *bellum africum* (auch *africanum*) im heutigen Tunesien landete und beim Absteigen aus dem Schiff stolperte und der Länge nach hinfiel, wusste er, dass viele diesen kleinen Vorfall als schlechtes Omen für den geplanten Feldzug ansehen würden. Also sagte er geistesgegenwärtig, wie er da bäuchlings lag und mit offenen Armen: *Teneo te Africa*, "ich halte Dich, Afrika!". Dieser „Zauberspruch" verfolgte eindeutig apotropäische Ziele und wurde später vom italienischen Dichter Gabriele D'Annunzio als Titel eines seiner Werke verwendet, um 1935-36 den Äthiopien-Feldzug Mussolinis zu verherrlichen. Da die italienischen Truppen in den Jahren 1895-96 von den Äthiopiern besiegt worden waren, stellte das Werk den Versuch dar, das Unheil einer befürchteten Wiederholung der Niederlage abzuwehren.

war selbstverständlich der sprachliche Austausch. Philosophische, geografische, architektonische und medizinische Begriffe wurden ins Lateinische eingeführt oder von diesem in irgendeiner Form übernommen (so wurde z.B. der Hexameter nach Rom gebracht).

Der Latinist Wilfried Stroh schreibt:

Ein großer Bereich der griechischen Literatur aber blieb bei den Römern zunächst völlig ausgespart: die Philosophie. Die Lehrgedichte der alten „Vorsokratiker" wie Empedokles, Parmenides und vor allem auch die künstlerisch hochstilisierten Dialoge von Platon, Aristoteles und manch anderen zählten ja durchaus zur Literatur im engsten Sinne. [...] Dass sich die neugierigen Römer auch für griechische Philosophie interessierten, erkennen wir aus den alten Komödien und vielen Zeugnissen, besonders über den jüngeren Scipio, seine Freunde und Zeitgenossen. [...] Sie nahmen griechischen Privatunterricht, besuchten griechische Vorlesungen, auch in Athen, und lebten wohl sogar mit griechischen Philosophen in Hausgemeinschaft, wie Scipio mit dem Stoiker Panaitios.[43]

Man beachte, dass Julius Caesar auf dem Weg nach Rhodos war, um die Vorlesungen des griechischen Rhetors Molon zu besuchen, als sein Schiff von Piraten gekapert wurde. Dies zeugt eben von einer klaren Integration der griechischen Zivilisation in das römische Kulturleben. Ein anderes Beispiel ist, dass Caesar die germanische Kavallerie rekrutierte, die es ihm später ermöglichte, in Alesia zu siegen. Auf diese Art und Weise kamen wichtige Begriffe ins Lateinische, die so übernommen oder nur leicht modifiziert wurden, die jedenfalls klare Hinweise auf ihre Herkunft mit sich tragen.

Es bleibt die Frage zu klären, wie die griechischen Begriffe vom Lateinischen in die germanischen Sprachen und dann ins heutige Deutsche kamen. Auch hier gilt es den historischen Prozess so genau wie möglich nachzuzeichnen. Kontakte mit der germanischen Welt gab es im Prinzip schon immer. Es gilt als abgesichert, dass germanische Stämme schon 500

---

[43] Vgl. Wilfried Stroh, *Latein ist tot, es lebe Latein! Kleine Geschichte einer großen Sprache*, Berlin, List-Verlag, 2008, S. 43.

Jahre vor Christus nach Süden kamen und die keltische Bevölkerung entweder verdrängten oder germanisierten. Kimbern und Teutonen fielen in Gallien ein und besiegten die dort stationierten römischen Truppen, um sich dann in Richtung Süden zu begeben, wo sie jedoch auf die von Marius organisierten Legionen stießen, die sie in Aquae Sextiae und Vercelli schlugen. Nach einer Weile kam Julius Cäsar in Kontakt mit den Germanen und im Jahre 9 n. Chr. wurden die Truppen von Varus im Teutoburger Wald vernichtend geschlagen.[44] Wie man sieht, wurde die Begegnung mit der römischen Welt mit der Zeit immer enger, wenn auch primär in kriegerischer Form. Germanische und keltische Lehrer waren im Reich tätig und ins soziale Gefüge komplett integriert, solange sie freie Menschen waren. Eine imaginäre und faktische Linie, der *Limes*, die den Rhein mit der Elbe verband, bildete die Grenze der römischen Expansion, bis die Goten beim Versuch, den Hunnen zu entkommen, nach Süden kamen. Das römische Reich befand sich sowieso im Untergang und es war nur eine Frage der Zeit, bis auch andere germanische Stämme, wie die Vandalen, ins Reich eindrangen. Man darf sich all diese historischen Entwicklungen nicht als allzu schnell und ununterbrochen vorstellen. Was in diesem Zusammenhang von Bedeutung ist, ist der Umstand, dass diese beiden Ethnien, die romanisch-lateinische und die germanische, die dafür prädestiniert waren, das Gesicht des heutigen Europa zu konstituieren, sich im Laufe der Jahrhunderte kulturell und sprachlich austauschten und irgendwann sogar eine Einheit bildeten. Lateinische Wörter griechischer Abstammung kamen in die germanischen Sprachen und modellierten diese neu. Heute stellen sie den großen, wertvollen Fremdwörterschatz der deutschen Sprache dar, sie

---

[44] Noch heute wird in Deutschland gerne an diesen Sieg erinnert. So schrieb der große Dichter jüdischer Abstammung Heinrich Heine in seinem Werk *Deutschland. Ein Wintermärchen* folgende Verse (Caput XI): „Wenn Hermann nicht die Schlacht gewann, / Mit seinen blonden Horden, / So gäbe es deutsche Freiheit nicht mehr, / Wir wären römisch geworden! / In unserem Vaterland herrschten jetzt / Nur römische Sprachen und Sitten, / Vestalen gäb es in München sogar, / Die Schwaben hießen Quiriten! / [...] Wir hätten Nero jetzt / Statt Landesväter drei Dutzend. / Wir schnitten uns die Adern auf, / Den Schergen der Knechtschaft trutzend. / [...] Gottlob! Der Hermann gewann die Schlacht, / Die Römer wurden vertrieben, / Varus mit seinen Legionen erlag, / Und wir sind Deutsche geblieben! / [...] O Hermann, dir verdanken wir das! / Drum wird dir, wie sich gebührt, / Zu Detmold ein Monument gesetzt; / Hab selber subskribieret."

imprägnieren das Deutsche und ermöglichen ihm, technische, medizinische, literarische, politische, philosophische und architektonische Begriffe mit der größten Genauigkeit zum Ausdruck zu bringen. Ohne diese Fremdwörter wäre die deutsche Sprache zweifellos um einiges ärmer.

Fremdwörter lateinischer Abstammung oder sogar lateinische Ausdrücke findet man in den Bereichen der Jurisprudenz (Bsp: nullum crimen nulla poena sine lege, in dubio pro reo, ein Gesetz muss *stricta, scripta, certa, praevia* sein, casus belli, de facto, de jure, Privilegium de non appellando etc.), der Medizin (Femur, Obduktion, Angina pectoris, Fraktur, Injektion, Inkubation, Tremor, Tumor, etc.), der Rhetorik, der Grammatik und der Literatur (constructio ad sensum, contradictio in adiecto, locus amoenus, locus terribilis, Figura etymologica, Accusativus cum infinitivo, Narrativik, Captatio Benevolentiae, Nomen, Substantiv, Pronomen, Numerale, Privativum, Pejorativ, Permissiv, Persuasiv, Dativus Commodi, Dativus Ethicus, Dativus Incommodi, Dativus Iudicantis, Dativus Possessivis, Praesens historicum, Genitivus comparationis, Genitivus explicativus, Genitivus materiae, Genitivus partitivus, Genitivus causae, etc.), der idiomatischen Ausdrücke (ad usum Delphini, ad acta legen, ad calendas graecas, ad libitum, Conditio sine qua non, summa summarum, etc.), der Mathematik (Addition, Multiplikation etc.), der Architektur (Atrium, Corpus, Interkolumnium, etc.).

Fremdwörter griechischer Abstammung findet man zum Beispiel in den Bereichen der Literatur und der Rhetorik (z.B. Tautologie, Teichoskopie, Utopie, Distopie, Peripetie, Anantapodon, Hysteron-Proteron, Aposiopese, Aphärese, Hybris, Synkope, Apokope, Parenthese, Analepse, Prolepse, Paronomasie – eindeutig aus ἡ παρονομασία – , Semantik, Semiotik, etc.).

Der klassische Philologe Hellmut Flashar schreibt dazu:

Erfindung, Entstehung und Entwicklung der Rhetorik sind eine Leistung der Griechen. In den altorientalischen Kulturen und Literaturen findet sich kein entsprechender Ansatz, wohl aber in den ältesten Zeugnissen der griechischen Literatur, in den homerischen Epen. Schon in der *Ilias* wird ein Heldenideal aufgestellt, in dem sachgerecht erlerntes Reden den Taten gleichgewichtig an die Seite gestellt ist: „Ein Redner von Worten zu sein und Täter von Taten" (*Ilias* IX 443), so hat es Phoinix, der Erzieher Achills, als Ideal formuliert. Und über Odysseus heißt es, er sei alles andere als eine ideale Heldengestalt, klein, untersetzt, von linkischen Bewegungen. Aber wenn er zu reden beginnt, dann zieht er mit seinen Worten, die winterlichen Schneeflocken gleichen, alle in seinen Bann (*Ilias* 3, 216-224). Sieht man sich die Reden des Odysseus und anderer Helden in der *Ilias* und erst recht die Trugreden des Odysseus in der *Odyssee* näher an, so gewinnt man den Eindruck, es stehe hinter ihnen schon so etwas wie eine vorrhetorische Rhetorik, wofür die in ihren Argumentationsketten kunstvoll aufgebauten Reden im 9. Buch der *Ilias* mit dem Ziel, Achill wieder zur Teilnahme am Kampf der Griechen gegen die Troer zu bewegen, besonders eindrucksvolle Beispiele sind. Noch der römische Rhetoriklehrer Quintilian (35-100) empfiehlt dem angehenden römischen Redner gerade diese Reden zum Studium (*Insitutio oratoria* X 47: „nonus liber quo missa ad Achillem legatio continetur"). Jedenfalls waren von den frühesten Zeiten an, noch unter den geschichtlichen Bedingungen der Königs- und Adelsherrschaft, die positiven wie die negativen Möglichkeiten der Rede als Mittel der Beeinflussung des Menschen durch den Menschen erkannt und reflektiert."[45]

Weitere Bereiche sind die der Medizin (ophtalmische bzw. ophthalmoplegische Migräne, Kardiologie, Psychiatrie, Psychologie, Pathologie, psychogen, Hypnose, Hygiene, Hyperaktivität, etc.), der Philosophie (Aporie, Ontologie, Anthropologie, Axiom, Teleologie, Ethik, Paralogismus, Logik, Paradoxon, etc.), der Politologie (Demokratie, Kleptokratie, Oligarchie, Timokratie, Autokratie, Monarchie, Despotismus, - aus ὁ δεσπότης - etc.), der Linguistik (Etazismus, Itazismus bzw. Jotazismus, Perispomenon, Phagophonologie, etc.), der Religion (Eucharistie, Baptisterium, Agnostizismus, Panthe-

---

[45] Vgl. Hellmut Flashar, *Aristoteles. Lehrer des Abendlandes*, München, C.H. Beck, 2013, S. 139.

ismus, apotropäisch, Apostasie, Theologie,⁴⁶ Apokalypse, Ikonoklasmus, Idolatrie – wohl aus τὸ εἴδωλον - etc.) und so weiter.

Man beachte, dass manche Begriffe lateinischer oder griechischer Abstammung im Laufe der Zeit eine andere Bedeutung angenommen haben, so dass sie im heutigen Sprachgebrauch im Hinblick auf ihre Herkunft als falsche Freunde gelten. Das Wort *exterminatorisch* kann beispielsweise wie folgt analysiert werden: *Termine* bezeichnete im Lateinischen die Grenze, den äußersten Rand, z.B. eines Landes oder eines Territoriums. *Ex-termine* bedeutet folglich jenseits dieser Grenze. Die metaphorische Verschiebung der Bedeutung, im Sinne von *über die Grenze drängen*, führte dann zu der neuen, aber mit der alten inhaltlich verknüpften Wortbedeutung *vernichten, tilgen* (vgl. ital. *sterminare*).

Teilweise versteckt sich die griechische Abstammung in Wörtern, die nur von Linguisten als Lehnwörter klassifiziert werden können. Ein konkretes Beispiel wird dies veranschaulichen können. Bei dem italienischen idiomatischen Ausdruck *fare la cresta* (deutsch: Geld für sich abzweigen, beim Abrechnen schummeln bzw. betrügen) erkennt der Sprachkenner das griechische Wort χρήστης (Genitiv Plural χρήστων), das heißt *Wucherer*, ein Wort, welches übrigens im alten Rom als Bezeichnung für Bauspekulanten galt. Das gilt natürlich auch für andere Sprachen. So ist zum Beispiel das italienische Wort *agonia* auf das griechische ἡ ἀγωνία zurückzuführen (Wettkampf, aber auch Todeskampf und daher Todesangst, deutsch *Agonie*). Das ist übrigens auch die Herkunft des Wortes *Agonist*.

Die Liste der Parallelitäten ließe sich zweifellos fortsetzen; ein weiteres konkretes Beispiel erscheint an dieser Stelle passend und geeignet. Man nehme den altgriechischen Satz: Τὰ δῶρα τὸ τέκνον εὐφραίνει. Man beachte, dass das Verb - trotz der Anwesenheit eines Subjektes im Plural – im Singular ist, da die Griechen sächliche Substantive im Plural als Sammelbegriffe verstanden. Das hat auch im Deutschen Spuren hinterlassen: So er-

---

⁴⁶ Man beachte, dass das Geschlecht im klassischen Griechischen nur anhand des bestimmten Artikels erkennbar ist: Das heißt, dass das Wort θεός sowohl „Gott" als auch „Göttin" bedeuten kann. Es kommt folglich auf den Artikel an, ὁ θεός oder ἡ θεός.

kennt man dieses Muster bei heutigen Kollektivbildungen (nicht mit Nominalisierungen zu verwechseln) wie Gebüsch, Geschirr, Geblüt, Gebein, Gepäck, etc.

Nun wird die Aufmerksamkeit auf das deutsche Wort **Person** fokussiert. Dieses Wort wirft Rätsel auf. Im Etymologischen Wörterbuch der deutschen Sprache liest man hierzu:[47]

Mittelhochdeutsch *persōn[e]*. Entlehnt aus lat. *persōna* (auch: „Charakter, Rolle", eigentlich „Maske" [des Schauspielers]"), dessen Herkunft umstritten ist.

Die Unsicherheit bezüglich der Herkunft dieses Wortes kann jedoch mit Hilfe einer historisch-etymologischen Rekonstruktion beseitigt werden, denn Sprachforscher haben seinen ursprünglichen Keim in der etruskischen Sprache identifiziert. Die Etrusker, diese prärömische, vielleicht sogar präindoeuropäische Bevölkerung Italiens, kamen möglicherweise aus Kleinasien, ließen sich in Etrurien nieder und erlebten im 6. Jahrhundert vor Christus den Höhepunkt ihrer Macht.[48] Es war ein sehr zivilisiertes Volk, die soziale Position der Frau war im Prinzip ohne Beispiel in der Antike und ihre Sprache ist noch nicht ganz entschlüsselt worden, vor allem was die Morphologie und die Syntax anbelangt.[49] Die Etrusker stießen im Laufe ihrer

---

[47] Vgl. Kluge, *Etymologisches Wörterbuch der deutschen Sprache*, Berlin-Boston, De Gruyter, 2011. S. 695.

[48] Andere Historiker halten die Etrusker für eine indigene, also autochthone Bevölkerung, was mittlerweile in der modernen Forschung als weniger wahrscheinlich gilt: Beispielsweise ließen sich die Etrusker in Italien dort nieder, wo viele Metalle zu finden waren. Es sei in diesem Zusammenhang darauf hingewiesen, dass die Bezeichnung *Tyrrhenisches Meer* auf das altgriechische Wort Τυρρηνοί zurückzuführen ist. In diesem Zusammenhang ist es interessant, die Abstammung des Wortes *Italien* zu thematisieren. Allgemein akzeptiert ist, dass es nicht griechischer Herkunft ist und auch eine illyrische Abstammung ist nicht ganz auszuschließen. Es gilt als wahrscheinlich, dass die Bezeichnung *Italien* aus der Sprache eines der ersten indoeuropäischen Völker stammt, vielleicht umbrischer Ethnie, die in die Halbinsel kamen und sich dort niederließen.

[49] Das Phoneminventar besteht aus vier Vokalen, vier Diphthongen und sechzehn Konsonanten, davon zwei Nasale, die Silbenkerne bilden können. Vgl. Metzler-Lexikon, *Sprache*, J.B. Metzler, Stuttgart-Weimar, 2010, S. 188.

Geschichte mit dem aufsteigenden Rom zusammen und dies bedeutete für sie eine Zäsur, ja den Anfang des Niedergangs. Sie wurden nach vielen und verlustreichen Kriegen (wie denen um Veji in den Jahren 474 und 438-425 v.Chr., die 396 v Chr. mit der Zerstörung der Stadt endeten) in die römische Welt integriert und verschwanden.[50] Jedoch war die kulturelle Hinterlassenschaft dieses Volkes immens und dieser Aspekt wird heute von den Historiographen stark unterschätzt. Die Insignien der Magistraten, die Toga und andere heute als römisch geltende Merkmale der antiken Welt waren etruskischer Abstammung.

Der bekannte Etruskologe Giovannangelo Camporeale schreibt:

Die Rekonstruktion der Etymologie oder jedenfalls der Grundbedeutung eines etruskischen Wortes oder auch eines aus der Sprache einer benachbarten Bevölkerungsgruppe kann Hinweise auf Tatsachen liefern, die über den streng linguistischen Befund hinausgehen. Man nehme das etruskische *Phersu*, mit dem eine maskierte Person in der Tomba degli Auguri (Grab der Auguren) in Tarquinia bezeichnet wird (letzte Jahrzehnte des 6. Jahrhunderts), und das lateinische *persona*, das die Theatermaske bedeutet. Die beiden Wörter hängen deutlich miteinander zusammen. Das lateinische Wort mit dem adjektivischen Bildelement etruskischen Ursprungs setzt eine etruskische Form **ph/persona* voraus.[51]

Man beachte, dass das Griechische andere Wörter für *Person* hat, nämlich ὁ ἄνθρωπος bzw. τὸ πρόσωπον (zum Beispiel in einem Drama).

Nun ist es möglich, die änigmatische Abstammung, die im Kluge-Lexikon nicht einmal erwähnt wird, des deutschen Wortes *Person* zu erklären:

Etruskisches Wort *Phersu* (maskierter Mann) → **phersuna* (Erweiterung von *Phersu*) → lat. *persona* → deutsch *Person* (und italienisch *persona*).

---

[50] Die Behauptung, dass die Römer eine komplette Vernichtung der Etrusker anstrebten, wie im Fall Karthagos, stimmt in dieser Form jedoch nicht. Der römische Kaiser Claudius (24. Januar 41 – 13. Oktober 54 n. Chr.) war zum Beispiel ein sehr guter Etruskologe und erforschte auch die etruskische Sprache.

[51] Vgl. Giovannangelo Camporeale, *Die Etrusker. Geschichte und Kultur*, Düsseldorf / Zürich, Patmos Verlag GmbH & Co. KG Artemis & Winkler, 2003, S. 52-53.

Angeblich stammen andere Wörter aus dem Etruskischen, die sich komplett assimiliert haben, so wie *Triumph, Urne, Zeremonie*. Allerdings darf man an dieser Stelle nicht den Fehler begehen, wie es manche Linguisten tun, ursprünglich indoeuropäische Wörter als rein etruskisch zu klassifizieren.

3.4 Romanische und sonstige Einflüsse in Folge von bestimmten politischen Konstellationen und historischen Ereignissen

Es sei noch einmal explizit darauf hingewiesen, dass die deutsche Sprache auf Grund von gesellschaftlichen und sozialen Faktoren einem ständigen Wandel ausgesetzt wurde und wird.

Im Laufe der dritten Phase des Dreißigjährigen Krieges war die strategisch wichtige Stadt Magdeburg an der Elbe von schwedischen Truppen besetzt worden.[52] Ihr Kommandant, General Falkenberg, hatte genaue Anweisungen von seinem Oberbefehlshaber, dem schwedischen Wasa-König Gustav Adolf II, der sich zu der Zeit noch in Norddeutschland aufhielt, erhalten:[53]

---

[52] Zu dieser Thematik vgl. Wilhelm Kühlmann, *Magdeburg in der zeitgeschichtlichen Verspublizistik (1151-1631)*. In: Prolegomena zur Kultur- und Literaturgeschichte des Magdeburger Raumes. Hrsg. von Gunther Schandera und Michael Schilling. Magdeburg, 1999. Vgl. auch Johannes Arndt, *Geschichte des Dreißigjährigen Krieges 1618-1648*, Stuttgart, Reclam, 2009, S. 107-109.

[53] Die erste Phase des Dreißigjährigen Krieges – die böhmische Phase - fing mit dem Prager Fenstersturz an, der 1620 zur Schlacht vom Weißen Berg führte und das kurze Abenteuer von Friedrich V von der Pfalz, dem Winterkönig, der in die Niederlande floh, abrupt beendete. Im Rahmen dieser ersten Phase wurde die Kurpfalz von spanischen Truppen der katholischen Liga angegriffen und erobert. Die belagerte Festung Heidelberg fiel im Jahre 1622. Vgl. hierzu Volker Hartmann, Wilhelm Kühlmann, *Heidelberg als Zentrum der Frühen Neuzeit. Grundriß und Bibliographie*, Heidelberg, Manutius Verlag Heidelberg, 2012, S. 13-17. Die zweite Phase ging als die dänische Phase des Krieges in die Geschichte ein und endete mit einer demütigenden Niederlage für den dänischen König Christian IV. Die dritte, hier in Frage kommende Phase des Krieges war die schwedische, in der Gustav Adolf II das Heilige Römische Reich Deutscher Nation fast an den Rand einer Niederlage brachte, eine Phase, die jedoch mit dem Tod des Wasa-Königs endete. Die vierte Phase des Krieges, die schwedisch-französische, führte dann nach wechselhaften Kriegsjahren im Jahre 1648 zum Westfälischen Frieden.

Auf keinen Fall durfte die Stadt in die Hände der imperialen Truppen fallen, ansonsten würde die Möglichkeit bestehen, dass die gelungene Landung der Schweden von diesem Stützpunkt aus zunichte gemacht wurde. Doch die katholischen Truppen Tillys waren schon auf dem Weg nach Magdeburg; es war eine kampferprobte und von konfessionellem Hass getriebene Soldateska. Die harte Belagerung nahm am 20. Mai 1631 ein Ende. Die katholischen Truppen drangen in die umkämpfte Stadt ein und richteten ein unvorstellbares Massaker an. Häuser brannten, Zivilisten wurden verfolgt, gefoltert und ermordet. Tausende verloren hier ihr Leben.

Viel minder werd' ich nun des Feindes harte Sinnen

Vnd grosse Tyranney genung beschreiben können /

Dergleichen nie gehört: Wie manche schöne Stadt /

Die sonst das gantze Land durch Pracht gezieret hat /

Ist jetzund Asch vnd Staub? Die Mawren sind verheeret /

Die Kirchen hingelegt / die Häuser vmbgekehrtet.

Das schreibt Martin Opitz über diesen exterminatorischen Krieg.[54]

Durch den Stadtbrand und die Zerstörung der Altstadt büßte Magdeburg seine strategisch wichtige Position ein. Die Folge: Gustav Adolf II umging die ehemalige Stadt an der Elbe und marschierte in Richtung Westdeutsch-

---

[54] Martin Opitz schrieb das bedeutende Werk *Trostgedichte in Widerwertigkeit deß Krieges*. Wilhelm Kühlmann schreibt: „Opitz wollte mit diesem Werk, auf dessen Originalität er großen Wert legte, ein Gegenstück zur didaktischen Epik des Altertums, insbesondere zu Vergils patriotischem Gedicht über den Landbau (*Georgica*) vorlegen. [...] „Trost" meinte hier nicht gemütvolle Beschwichtigung, sondern Bewältigung einer kollektiven Erfahrung, nicht eines Leids, das humaner Hinfälligkeit schlechthin zu verdanken war, sondern einer historisch peinvollen Herausforderung; nicht irgendeines Krieges, nicht des Krieges im Sinne eines je und immer über den Menschen hängenden Übels, sondern dieses Krieges, des Dreißigjährigen Krieges, dessen Ende noch nicht absehbar war und dessen Anfänge Opitz in Heidelberg miterlebt hatte: eines Bürgerkrieges also, wie ihn einst Lucan episch verarbeitet hatte, an den – neben anderen literarischen Reminiszenzen – manche dramatische Greuelschilderungen gemahnen. Vgl. Wilhelm Kühlmann, *Martin Opitz, Deutsche Literatur und deutsche Nation*, Heidelberg, Manutius Verlag Heidelberg, 2001, S. 45.

land weiter. Doch das Echo dieser immensen Tragödie erreichte nicht nur ganz Deutschland, sondern ganz Europa. Die antikatholisch gesinnten Propagandisten und Pamphletisten auf dem ganzen Kontinent ließen ihrer Wut freien Lauf und beschuldigten die Katholiken der Grausamkeit. In dieser Phase des konfessionellen Hasses wurde das Wort **magdeburgisieren** geprägt, ein Neologismus, der die katastrophalen Konsequenzen der Zerstörung der Stadt visualisieren und zugleich einen universellen semantischen Wert beanspruchen wollte. So fand dieses Wort seinen Weg in die deutsche Sprache. Es war in der zweiten Hälfte des 17. Jahrhunderts noch bekannt. Heute findet man es nicht mehr im Duden.

Der Begriff *eine Stadt magdeburgisieren* warf jedoch seinen langen Schatten bis auf uns, denn diese Bedeutung kongruiert mit dem Begriff **coventrieren** (auch **coventrisieren**), der in Anlehnung an diese Wortneuschöpfung während des Zweiten Weltkrieges eingeführt wurde.[55] Die Fakten können wie folgt rekapituliert werden:

Nach der Eroberung Frankreichs startete das Oberkommando der Wehrmacht im Sommer 1940 eine großangelegte Offensive zur Vorbereitung der Operation Seelöwe gegen Großbritannien. Der Premier Winston Churchill hatte sich nämlich kategorisch geweigert, vor der Friedensoffensive Hitlers zu kapitulieren. Die deutsche Luftwaffe konzentrierte zunächst ihre Angriffe auf die Küste im Süden des Landes, da dort die meisten Kampfflugzeuge der Royal Air Force stationiert waren. Zu Beginn der militärischen Auseinandersetzung zwischen England und Nazideutschland waren ausschließlich militärische Ziele anvisiert und die Städte verschont worden, doch als London angeblich aus Versehen getroffen wurde, reagierte die britische Regierung mit einem Gegenangriff auf Berlin: Der dahinter steckende Plan bestand in der freilich schmerzhaften Ablenkung der deutschen Aufmerksamkeit auf die Hauptstadt, damit die militärischen Anlagen repariert werden konnten und sich das britische Militär erholte und

---

[55] Es sei in diesem Kontext auch an „kopenhagisieren" (aus *to copenhagen*) erinnert: Im Jahre 1807 wurde die Stadt Kopenhagen von den Briten in Brand gesetzt, damit Napoleon I. seinen Einflussbereich nicht auch noch nach Dänemark ausweiten konnte. Das Ziel war die dänische Flotte, die daraufhin völlig zerstört wurde.

neu formierte. Der Plan ging auf. London wurde wiederholt bombardiert und die Deutschen versuchten nun, mit massiven Bombardements die Moral der britischen Zivilbevölkerung zu schwächen. Im Oktober und im November desselben Jahres flog die Luftwaffe verheerende Angriffe auf die nordbritische Industriestadt Coventry, die am 14. November 1940 fast vollständig zerstört wurde.[56] Die zynische Darstellung dieser Operation von Seiten der deutschen Propaganda kulminierte in dem euphemistischen Neologismus *coventrieren*, ein Wort, das eindeutig in Anlehnung an das bekannte *magdeburgisieren* geprägt wurde.

Bei der Erforschung dieses Wortes stößt man auf eine sehr interessante Quelle, die im Folgenden wiedergegeben wird. Es handelt sich dabei um die Geschichte des Zweiten Weltkriegs von Winston Churchill, dem britischen Premier, der mit seinem eisernen Willen und seiner unerschrockenen Entschlossenheit der vorläufigen Übermacht der Luftwaffe und der Wehrmacht Paroli bieten konnte.

Winston Churchill schreibt:

In der Nacht des 3. November blieben zum erstenmal nach fast zwei Monaten die Alarmsirenen in London stumm. Die Stille kam vielen geradezu seltsam vor. Sie fragten sich, was denn los sei. In der folgenden Nacht verteilten sich die feindlichen Angriffe über die ganze Insel, und das hielt eine Zeitlang an. Es hatte abermals ein Umschwung in der deutschen Angriffstaktik stattgefunden. Obgleich London das Hauptziel blieb, unternahm der Feind jetzt große Anstrengungen, die Industriezentren Englands lahmzulegen. Deutsche Verbände waren mit neuen Navigationsinstrumenten ausgerüstet und geschult worden, um bestimmte Schlüsselindustrien anzugreifen. So war, zum Beispiel, eine Formation einzig und allein für die Vernichtung der Flugzeugmotorenwerke von Rolls-Royce in Hillington, Glasgow, ausgebildet worden. All das war nur eine Notbehelfs- und Interimsplan. Die Invasion Englands war einstweilen aufgegeben worden, während der Angriff gegen Russland noch nicht in Szene gesetzt war und au-

---

[56] Vgl. Arrigo Petacco, *La nostra guerra*, Milano, Arnoldo Mondadori editore, 1995, S. 36-39.

ßerhalb Hitlers engster Umgebung nicht erwartet wurde. Die noch verbleibenden Wintermonate sollten somit für die deutsche Luftwaffe eine Zeit des Experimentierens sein – sowohl mit technischen Hilfsmitteln bei Nachtangriffen wie auch mit Angriffen auf den englischen Seehandel, wobei auch der Versuch unternommen wurde, unsere Produktion, die militärische wie die zivile, lahmzulegen. Die Deutschen hätten viel besser daran getan, sich auf eine einige Aufgabe zu konzentrieren und diese bis ans Ende durchzuführen. Doch sie waren bereits in Verwirrung geraten und nun ihrer selbst nicht mehr sicher.

Diese neue Bombardierungstaktik begann mit dem Blitzangriff auf Coventry am 14. November. London war anscheinend ein zu großes und unbestimmtes Ziel für entscheidende Resultate, aber Göring hoffte, die Provinzstädte oder Rüstungszentren könnten tatsächlich ausradiert werden. Der Angriff begann kurz nach Einbruch der Dunkelheit am 14. November, und bis zur Morgendämmerung hatten fünfhundert deutsche Flugzeuge sechshundert Tonnen hochexplosiver Sprengbomben und Tausende von Brandbomben abgeworfen. Alles in allem war dies der verheerendste Angriff, den wir zu erdulden hatten. Das Zentrum von Coventry war in Trümmern, und das Leben der Stadt für eine Zeitlang völlig aus den Fugen geraten. Vierhundert Menschen waren getötet und weit mehr schwer verwundet worden. Die deutschen Sender erklärten, unsere übrigen Städte würden gleichermaßen „coventrisiert" werden. Doch waren weder die lebenswichtigen Flugzeugmotoren- und Werkzeugfabriken stillgelegt worden, noch war die Bevölkerung, die bisher von den Prüfungen der Bombardements verschont geblieben war, ihrer Tatkraft beraubt worden.[57]

Doch zurück zum Dreißigjährigen Krieg. Die damaligen Armeen bestanden nicht aus Wehrpflichtigen, sondern bekanntlich aus Söldnern. Diese waren häufig schlecht bezahlt und terrorisierten und drangsalierten die Zivilbevölkerung, auf deren Kosten der Krieg häufig geführt werden konnte. Diese Söldner kamen aus mehreren Ländern, zum Beispiel aus Italien oder Kroa-

---

[57] Vgl. Winston S. Churchill, *Der Zweite Weltkrieg*, 7. Auflage, Frankfurt am Main, Fischer, 2013, S. 423-424.

tien. So brachten italienische Soldaten das Wort **Alarm**, da sie es gewohnt waren, im Fall eines gegnerischen Angriffs *all'arme* zu rufen („zu den Waffen"), ein Not- oder Schlachtruf, der von deutschsprachigen Kommilitonen übernommen und sozusagen eingedeutscht wurde. Kroatische Söldner sind übrigens für die Entstehung des Wortes **Krawatte** verantwortlich. Um sich vor den anderen zu unterscheiden, pflegten kroatische Kämpfer, eine rote Halsbinde zu tragen. Da *Hrvat* den Kroaten bezeichnet, wurde das Wort auf dieses rote Erkennungszeichen übertragen, es erlebte somit eine Bedeutungserweiterung und wurde dann als *Krawatte* ins Deutsche eingebürgert.

Ähnliche Beispiele für ein solches Verfahren findet man häufig in der Geschichte der Sprachen. Im Mailänder Dialekt sagt man abwertend für Deutsche *surùch*: Möglicherweise stammt dieses Wort aus dem 19. Jahrhundert, als Habsburger Soldaten während der antiösterreichischen Aufstände in Norditalien die Zivilbevölkerung mit aufgepflanztem Bajonett mit "Zurück!" wegdrängten, ein Wort, das von den Italienern nicht wirklich verstanden und später auf das gesamte deutsche Volk übertragen wurde. Es handelt sich um einen klaren Fall von Pejorisierung.

Auch das Wort **Cappuccino** hat eine besondere, jedoch nicht ganz abgesicherte Geschichte hinter sich. Es lohnt sich nun, die Entstehung dieses Begriffes zurückzuverfolgen. Im Laufe des 16. Jahrhunderts waren die Osmanen in Europa eine große Weltmacht. Im Jahre 1529 belagerten sie unter der Ägide Suleymans Wien, jedoch ohne Erfolg. Im Jahre 1683 versuchte die Hohe Pforte erneut, die Hauptstadt des Heiligen Römischen Reiches Deutscher Nation zu erobern: Der Pascha Kara Mustafa erschien siegessicher mit einem mächtigen, furchteinflößenden Heer von den Mauern Wiens und zwang Leopold II zur Flucht. Türkische Mineure machten sich unter der Wiener Hofburg unverzüglich an die Arbeit, während der Papst großzügig spendete und die christliche Koalition unterstützte. Dieses Machtvakuum wurde vom ritterlichen und unerschrockenen polnischen König Johann Sobieski III gefüllt, welcher zusammen mit Karl von Lothringen und Rüdiger Graf von Starhemberg bei der Schlacht am Kahlenberg am 12. September 1683 die osmanischen Truppen zurückschlagen und besiegen konnte.

Ekkehard Eickhoff schreibt:

Zum zweiten und letzten Mal hatte Wien der ganzen osmanischen Kriegsmacht widerstanden. Am 13. September früh besichtigten die verbündeten Heerführer das von Gräben und Explosionen zerrissene Vorfeld der Stadt. Dann hielten Johann Sobieski und Max Emanuel umjubelten Einzug in die Stadt. Mittags speisten Sobieski und die Kürfürsten bei Starhemberg, wo der König zum Fürsten von Anhalt bemerkte: „Könnte ich noch einmal so eine Armee kommandieren wie gestern, ich wollte die ganze Welt zittern machen."[58]

Es war der christliche Triumph gegen den atavischen Antagonisten, die Macht des Bösen, den alten Feind. Diese gewonnene Schlacht wurde von den christlichen Mächten zum Anlass genommen, die Osmanen weiter zurückzudrängen. Der Große Türkenkrieg dauerte bis 1699. Dieser großartige Sieg am Kahlenberg war folglich ein großer Anlass zum Feiern und eben zu diesem Zweck erfanden Wiener Bäcker der Legende nach das halbmondförmige Croissant. Der italienische Historiker Arrigo Petacco erzählt überdies eine interessante Anekdote über die Entstehung des heute so beliebten Getränks *Cappuccino*. Man beachte, dass diese Anekdote möglicherweise nur zum Teil der historischen Wahrheit zuzuordnen ist.[59] Bei der Flucht ließen die Osmanen große Säcke auf dem Schlachtfeld liegen, die seltsame braune Bohnen enthielten. Der Überlieferung nach wurden diese Säcke einem Jungen namens Georg Michaelowitz als Belohnung für seine Dienste als Bote für General Starhemberg geschenkt. Nach einer Weile realisierte der junge Georg, dass es sich möglicherweise um ein regenerierendes bzw. erfrischendes Getränk namens Kaffee handelt, den die Türken

---

[58] Vgl. Ekkehard Eickhoff, *Venedig, Wien und die Osmanen. Umbruch in Südosteuropa 1645-1700*, Stuttgart, Klett-Cotta, 2009, S. 365. Generell zu diesem Thema auch: Bodo Guthmüller (Herausgeber), Wilhelm Kühlmann (Herausgeber), *Europa und die Türken in der Renaissance* (Frühe Neuzeit, Band 54), Berlin, De Gruyter, Reprint 2012 (2000).

[59] Arrigo Petacco, *L'ultima crociata. Quando gli ottomani arrivarono alle porte dell'Europa*, Milano, Mondadori, 2007, S. 172-173.

gerne tranken. Georg Michaelowitz kam auf die Idee, eine Art Bar zu eröffnen, in welcher der Kaffeegenuss die Hauptattraktion darstellte. Marco D'Aviano, der gefeierte katholische Priester, welcher während der Belagerung so viel für die Stadt unternommen hatte, erschien eines Tages in diesem neuen Kaffeehaus, um das bereits berühmte Getränk zu probieren. Doch dieses fand er zu stark und bat den Kellner um etwas Milch, um es zu temperieren. Die anderen Kaffeehausbesucher folgten D'Avianos Beispiel und da der Geistliche dem Kapuzinerorden gehörte, also ein „cappuccino" war, wurde diese Bezeichnung auf die Kaffee-Milch-Mischung übertragen. Das sei angeblich die Geburtsstunde des *Cappuccino* gewesen.[60]

Auch andere Sprachen haben in ihrem Wortschatz einigermaßen versteckte Hinweise auf Ereignisse, die die Geschichte der entsprechenden Sprachgemeinschaft geprägt haben. So erinnert die italienische Redewendung *succedere un quarantotto* an den Ersten Unabhängigkeitskrieg Italiens gegen die anachronistische Besatzung der Habsburger. Dieser Befreiungskrieg kongruierte mit dem Aufstand, der in diesem Jahr ganz Europa erschütterte; der sich etablierte Hinweis dieses idiomatischen Ausdrucks auf das in Frage kommende Jahr veranschaulicht die chaotischen Zustände, die er zum Ausdruck bringen will.

Dieses Verhaltensmuster kann man auch in anderen Sprachen, zum Beispiel im Italienischen, feststellen. Im 16. Jahrhundert waren die Galeeren in der ganzen mediterranen Welt weit verbreitet. Ihre Konstruktion war den Bedürfnissen der modernen Kriegführung noch nicht wirklich gewachsen. In der Tat wurden sie im Laufe der Zeit immer wieder modernisiert. Ein Teil des Schiffes hieß *rembata*: Bei dem Angriff mussten die Seeleute einzeln über diesen schmalen Steg gehen, den Nahkampf gegen den Verteidiger gewinnen, um dann auf das feindliche Schiff zu springen. So entstand die Redewendung *andare all'arrembaggio* (deutsch: ein Schiff entern), wobei die Abstammung des in Frage kommenden Wortes unübersehbar ist.

---

[60] So Arrigo Petacco: „Gli altri avventori si affrettarono a imitarlo [D'Aviano] e poiché il gradevole intruglio che ne era sortito aveva lo stesso colore del saio indossato da Marco, che, come sappiamo, era un cappuccino…, il resto possiamo immaginarlo." Ebenda, S. 173.

Dialektologische Studien haben Spuren der deutschen Bezeichnung *Scheidemünze*, deren Etablierung auf die österreichische Präsenz im Lombardo-Veneto 1815-1859 (als im Rahmen bzw. am Ende des Zweiten Unabhängigkeitskrieges die Habsburger die Lombardei an das Königreich Italien abtreten musste) bzw. 1866 (als sich die italienische Regierung mit Preußen gegen Österreich verbündete und sie in Folge des Dritten Unabhängigkeitskrieges das Veneto erhielt) zurückzuführen ist, im venezianischen Dialekt erkannt: *Scheidemünze* wurde von der dortigen Bevölkerung so ausgesprochen, wie es geschrieben stand, nur eben nach der italienischen Aussprache, also „skäi", und somit zu *schei* verwandelt, während die zweite Hälfte des Wortes unterging, ein Übernehmungsmuster, das auch bei der gegenseitigen Begegnung anderer Sprachen beobachtet worden ist.

Nun wird unsere Aufmerksamkeit auf eine ganz andere Art von Einfluss gelenkt. Es dürfte als wenig bekannt gelten, dass einige idiomatische Ausdrücke im Deutschen hebräischer bzw. jiddischer Abstammung sind. Diesbezüglich gilt es zu differenzieren. Das Wort *Menetekel* stammt bekanntlich aus dem Buch Daniels im Alten Testament (*Mene mene tekel u-parsin*). Auch Wörter wie *Tohuwabohu, Messias, Sabbat* und andere sind bezüglich ihrer Herkunft in der Heiligen Schrift belegt.

Es sind jedoch die ursprünglich jiddischen Wörter, die im Deutschen eher versteckt sind. Zunächst scheint es nun angebracht zu sein, den Begriff *Jiddisch* zu klären. Diese Sprache ist eine westgermanische und hat eine besondere Geschichte hinter sich, die nun in Grundzügen nachgezeichnet wird. Das Jiddische hat sich eindeutig bei den sogenannten aschkenasischen Juden entwickelt. Die Grundlage für diese Sprache waren möglicherweise rheinfränkische Mundarten; zu beachten ist der Umstand, dass in der Linguistik zwischen Westjiddisch (heute kaum mehr gesprochen) und Ostjiddisch differenziert wird, welches von den slawischen Sprachen Osteuropas stark beeinflusst wurde, zumindest was die lexikalische Ebene angeht. Die Frage, der nun nachgegangen werden soll, bezieht sich primär auf die historischen Gründe für die Beeinflussung des Deutschen.

Die aschkenasischen Juden sind die Nachfahren jenes Volkes, dessen tragische Geschichte schon im babylonischen Exil anfängt, als die Versuche der Juden, sich vom Joch des Neubabylonischen Reiches zu befreien in der Eroberung und Zerstörung Jerusalems durch König Nebukadnezar II. (587 v. Chr.) mündeten. Es folgten weitere Jahre der politischen Instabilität. Palästina wurde von Alexander dem Großen erobert und geriet danach zuerst unter die Macht der Ptolemäer und dann unter die der Seleukiden, bis es auf Grund von politischen Wirren in den Machtbereich Roms gelangte.

Die jüdische Präsenz im alten Rom ist sehr wohl dokumentiert; die meisten Völker wurden in der Regel ins Reich integriert, doch waren die Juden schon bei den Römern aus mehreren Gründen wenig beliebt; ein Störfaktor war zum Beispiel der Umstand, dass das jüdische Volk im römischen Reich das einzige war, das eine monotheistische Religion besaß. Die historische Zäsur war jedoch die Eroberung Jerusalems durch Titus, Sohn von Vespasian, im Jahre 70 n. Chr. (der Erste Jüdische Krieg brach 67 aus und endete 73 n. Chr. und wurde anfänglich vom erfahrenen Vespasian selber geführt). Den Römern standen für diesen von Nero gewollten Feldzug drei Legionen zur Verfügung, nämlich die 5., die 10. und die 15. Legion (später kam auch die 12. hinzu). Der Tempel von Salomo wurde im Jahr 70 zerstört und die Juden wurden teilweise vertrieben.[61] Nach diesem Datum scheint die jüdische Präsenz in den europäischen Ländern signifikant zuzunehmen, wie zum Beispiel auf der iberischen Halbinsel. Es waren vor allem die Länder

---

[61] Peter Schäfer schreibt: „Die Folgen des ersten großen Krieges der Juden gegen Rom waren überaus weitreichend und können in ihrer Bedeutung für die weitere Geschichte des Judentums kaum überschätzt werden. Einschneidend waren zunächst die politischen Folgen: Judäa war, wie erwähnt, vor dem Krieg eine römische Provinz der dritten Kategorie gewesen, d.h. hatte unter der Leitung eines Prokurators vom Rang eines Ritters und unter der Oberaufsicht des Statthalters von Syrien gestanden. Nach dem Krieg wurde es eine selbständige römische Provinz mit dem offiziellen Namen *Judaea* und stand unter der Leitung eines Statthalters von prätorischem Rang, rückte also in die zweite Kategorie auf [...]. Einschneidend waren die Folgen auch für die Bevölkerung Judäas. Ganze Siedlungen waren vollständig zerstört und entvölkert worden. Josephus und Tacitus sprechen von immensen Verlusten unter der Bevölkerung; die moderne Forschung geht in ihren Schätzungen bis zu einem Drittel, um das die jüdische Bevölkerung Palästinas dezimiert worden sein soll." Vgl. Peter Schäfer, *Geschichte der Juden in der Antike*, 2. Auflage, Tübingen, Mohr Siebeck UTB, 2010, S. 157-158.

am Mittelmeer, die die ersten Wellen jüdischer Flüchtlinge zu registrieren hatten. Der zweite große Aufstand, der Bar Kochba-Aufstand (auch Bar-Kokhba), in den Jahren 132-135 n.chr. markiert das Ende *Eres Yisra'els* als Heimat der Juden und den Anfang einer langen Diaspora, deren Spuren noch heute sehr präsent sind. Ab diesem Augenblick wurden, wie bereits erwähnt, fast alle Juden vertrieben, Jerusalem wurde zur römischen Kolonie mit der Bezeichnung *Colonia Aelia Capitolina*, und die Hebräer intensivierten die Auswanderung nach Europa, zumal eine starke Paganisierung Jerusalems von Seiten der Eroberer vorgenommen wurde. Gut belegt scheint die frühe Präsenz der Juden in Pannonien zu sein, wie aus einem Brief von Ibrahim ibn Yaqub zu entnehmen ist.[62] Diese Juden waren möglicherweise aus dem Westen Europas gekommen, sicher auch aus dem heutigen Deutschland. Bemerkenswert ist, dass diese „polnischen" Juden, die sich als Bankiers und Geldverleiher betätigten, im Gegensatz zu ihren Glaubensbrüdern in anderen Teilen Europas, welche auch die sprachliche Assimilierung anstrebten, nach wie vor Jiddisch sprachen, das sich als eigene Sprache bereits entwickelt und etabliert hatte. Die historische Sequenz scheint also wie folgt rekapituliert werden zu können: Das jüdische Volk muss in Folge der römischen Eroberung Palästina verlassen; die ersten Wellen erreichen hauptsächlich die Mittelmeerländer, doch geht die Diaspora-Bewegung weiter, die Juden kommen von West- nach Osteuropa und lassen sich im Prinzip überall nieder. Eine Etappe dieser Diaspora ist insofern entscheidend, als die jiddische Sprache in engem Kontakt mit dem Deutschen und mit den deutschen Dialekten entsteht. Diese neue Sprache etabliert sich und wird weiter nach Osteuropa gebracht.

Ein wichtiger Grund war die Verfolgung der Juden als Folge der großen Pestepidemie in den Jahren 1348-49. Die neuen Gemeinden im heutigen Polen und Russland ließen im Laufe der Zeit ihre sprachlichen Besonderheiten ins Deutsche konfluieren. So wird der Weg in die deutsche Sprache deutlich. Im Laufe der Zeit musste die jüdische Bevölkerung mehrere Verfolgungswellen über sich ergehen lassen (im Mittelalter und in der Neu-

---

[62] Vgl. Alessandra Veronese, *Gli ebrei nel Medioevo*, Milano, Jouvence, 2010, S. 49-51.

zeit), doch war der Austausch unaufhaltsam. Jiddische Wörter, die ins Deutsche kamen, sind vor allem im idiomatischen Bereich zu verankern. Beispiele davon sind:

➢ *Tacheles reden*: Bekanntlich bedeutet Tacheles auf Jiddisch „Ziel" bzw. Zweck.

➢ *Die Maloche*: Das entsprechende Verb ist *malochen* (im Deutschen eher kolloquial verwendet), welches aus dem Hebräischen *melaka* stammt.

➢ Die Redewendung *Es zieht wie Hechtsuppe*, die vielleicht aus *hech supha* stammt, wobei diese Herkunft nicht gesichert ist.

➢ *Meschugge sein*, aus dem Jiddischen *meschuggo* und dem Hebräischen *mesuga*.

➢ *Das Techtelmechtel*: Dazu muss jedoch gesagt werden, dass die Etymologie dieses Wortes recht umstritten ist. Es könnte auch sein, dass es aus dem italienischen Sprachbereich importiert wurde.

➢ *Der Zoff*: Es gilt als gesichert, dass dieses Wort aus *sa'af* (Streit, Disput) abstammt. Die Herkunft ist sicher westjiddisch.

➢ *Hals- und Beinbruch*: Auch die Herkunft dieses Ausdrucks ist ziemlich kontrovers, jedoch scheint es vernünftig anzunehmen, dass die jiddische Segensformel *hazlóche un bróche* (d.h. Glück und Segen) der Ausgangspunkt war. Deutsche Sprecher hätten diese Redewendung nicht verstehen können und deuteten sie in Hals- und Beinbruch um.[63]

---

[63] Vgl. *Redewendungen*, Duden, Mannheim, Dudenverlag, 2008, S. 320.

➢ *Der Ganove*: diese Wort scheint aus dem Westjiddischen *gannew* zu stammen, das wiederum aus dem Hebräischen *gannāv* kommt (Bedeutung: der Dieb).

Es handelt sich dabei nur um einige Beispiele. Man könnte die Liste fortführen. Zu betonen ist der Umstand, dass das Jiddische aus dem Deutschen stammte und dieses im Laufe der Zeit auf lexikalischer Ebene beeinflusste. Es war also eine Rückgabe von Wörtern und Redewendungen.

3.5 Neologismen und ständige Neumodellierung der Sprache

Sprachen entwickeln sich weiter. Die Liste der Romanismen und Anglizismen im Deutschen ist so lang, dass mehrere Gebiete umfasst werden. Wörter wie *upgraden*, *Software*, *downloaden*, *googeln*, *flirten*, *scannen* (andere gelten als unelegant und nicht ganz korrekt, wie zum Beispiel *killen*), aber auch déjà-vu, cherchez la femme, touché, etc. zeugen von einem unaufhaltsamen Wandel, der die Sprache zugleich modifiziert und bereichert. Man beachte, dass diese Entlehnungen nicht mit den sogenannten Scheinentlehnungen zu verwechseln sind, die jedoch erstaunlicherweise ein großes Integrationspotenzial zu besitzen scheinen und nur von Linguisten erkennbar sind (wie zum Beispiel das Wort *Handy*).

Neologismen können auch idiomatische Ausdrücke oder Redewendungen sein, die eine autochthone Herkunft haben und die deutsche Sprache reicher gemacht haben. So ist die Redewendung *Jenseits von Gut und Böse*, die im heutigen Deutschen ihren Weg in die Alltagssprache gefunden hat, auf das gleichnamige exzellente Werk von Friedrich Nietzsche zurückzuführen. *Aus den Augen, aus dem Sinn* ist ein ähnliches Beispiel (aus Goethes *Faust*).

Wissenschaftler haben sich natürlich gefragt, wie Neologismen genau entstehen. Mehrere Bildungsverfahren sind erkannt worden. Ein neues Wort kann zum Beispiel ausgehend von Euphemismen konstruiert werden. Auch die Pejorisierung oder die Derivation stellen ein mögliches Verfahren dar.

Natürlich sind die beschriebenen Veränderungen unter anderem auf den Zeitwandel zurückzuführen (im Vatikanstaat, wo die Amtssprache Latein ist, werden moderne Begriffe durch neue Wörter oder eventuell durch Paraphrasen zum Ausdruck gebracht und somit institutionalisiert). Bei den Sprachpuristen wird diese Entwicklung scharf kritisiert oder gar abgelehnt. Es stellt sich aus linguistischer Sicht die Frage, ob und inwiefern diese neuen Begriffe, wie zum Beispiel *Dschihadist* oder *Islamophobie*, sich endgültig etablieren oder ob sie nur in Folge einer bestimmten politischen oder militärischen Konstellation entstanden sind und sich auch im Laufe der weiteren Geschichte des Landes und der Sprache behaupten können.

Doch eines steht fest: Die Übernahme von Wörtern aus anderen Sprachen ist kein modernes Phänomen, das auf die Globalisierung zurückzuführen ist. Es war schon immer ein übliches Verhaltensmuster aller Sprachen, zu jeder Zeit. Nur auf diese Weise modernisieren sich die Sprachen der Welt und können die Komplexität und die Vielfalt der Realität wiedergeben.

Zum Schluss dieses Kapitels wird die Aufmerksamkeit auf die Möglichkeit der Etablierung einer neuen *lingua franca* gelenkt.

Dieser Begriff impliziert die Verwendung einer weit bekannten Sprache, die in der Lage ist, global gesehen zwecks Kommunikation sprachliche Grenzen zu überschreiten. In der Antike war Griechisch solch eine Sprache (κοινὴ διάλεκτος), nachdem Alexander der Große im 4. Jahrhundert vor Christus seine Feldzüge bis nach Indien ausgedehnt hatte. Weitere Etappen der menschlichen Geschichte sahen den Aufstieg des Lateinischen. Heute ist Englisch eine *lingua franca*, wobei die meisten Linguisten für die Zukunft einen Wechsel prognostizieren. Die entscheidende Frage ist, ob und inwiefern sich künstliche Sprachen wie Esperanto (1887 von Ludwig L. Zamenhof erfunden) durchsetzen können. Gründe zur Skepsis sind zur Genüge vorhanden. Sicher würde dies den Versuch einer Vereinheitlichung der Menschheit bedeuten. Vielleicht sind jedoch andere Sprachen, die diese Rolle übernehmen werden, wie Russisch oder Chinesisch. Die Verbindung wirtschaftliche Macht – Ausbreitung der Sprache scheint jedenfalls ein immer wichtigeres Kriterium zu sein, mit dem die gesamte Menschheit klarkommen muss.

In der faszinierenden Abhandlung „Die Zukunft der Menschheit" von Emil Khalisi liest man:

Die Sprache wird sich verändern bzw. weiterentwickeln. Es werden neue Begriffe aufkommen; bestehende Begriffe ihre Bedeutung abwandeln; Wörter anders betont; und die Grammatik modifiziert. Falls sich eine bestimmte Sprache durchsetzen sollte, z.B. Englisch dank der allgemeinen Internetkommunikation, so wird sie mit vielen Wortwandlungen durchtränkt sein. Die zunehmende wirtschaftliche Macht Chinas könnte auch dem Chinesischen zu einem Durchbruch verhelfen. Ein wesentlicher Nachteil ist allerdings, dass Chinesisch keine alphabetische Sprache ist. Dies erschwert eine Diskretisierung, wie sie für die Elektronik vorteilhaft ist.

Eventuell ergibt sich aus den heutigen Hauptsprachen ein bizarres Ausdruckskonglomerat. Unsere heutigen Sprachen würden zu regionalen Dialekten degradiert, während eine allgemeine, globale Grundkommunikation entsteht. In die Basissprache würden viele neue Spezialbegriffe Eingang finden, so dass es zunächst wie ein Sprachverfall aussähe. Doch daraus würde sich eine neuartige „Welt-Sprache" zusammenfinden, die Vokabeln aus allen Kulturen enthält.[64]

Diese Prognose für die Zukunft ist sehr wahrscheinlich.

---

[64] Emil Khalisi, *Die Zukunft der Menschheit*, Stuttgart, ibidem-Verlag, 2017, S. 156.

„La lingua è un guado attraverso il fiume del tempo.
Essa ci conduce alla dimora dei nostri antenati.
Ma coloro che hanno paura delle acque profonde
Non potranno mai raggiungerla."

Wladislaw Markowitsch Illitsch-Switytsch

„Die Bücher. Schön, wenn sich dort Gedanken, Wörter, Sätze finden, die ahnen lassen, dass die Erzählung wie ein Kunstpfad durch weite, dem Leser unbekannte Wälder führt. So wird er durch Gebiete geleitet, deren Grenzen ihm verborgen sind, und nur zuweilen, wie ein Dufthauch, fliegt Kunde vom Überfluss ihm zu. Der Autor muss scheinen wie einer, der aus unbeschränkten Schätzen spendet; und indem er mit barer, klingender Münze zahlt, lässt er mitunter Stücke von fremder Prägung einfließen – Dublonen, auf denen man die Wappen von unerforschten Reichen sieht."

Ernst Jünger, *Strahlungen*

Kapitel 4
Arabische Entlehnungen ins Deutsche: ein historischer Überblick

Heutzutage tendiert man bewusst oder unbewusst zu einer Verdrängung oder Relativierung der Bedeutung der etymologischen Wurzeln unserer Sprachen. Die meisten Linguisten und Sprachforscher haben mittlerweile andere Themen entdeckt, die im sprachwissenschaftlichen Panorama der heutigen Zeit sicher ihre Legitimation besitzen und die Disziplin weiterbringen, manche kulturellen Gegebenheiten jedoch unerwähnt lassen oder nur am Rande streifen oder gar marginalisieren.

Ein eklatantes Beispiel dafür ist der sprachliche Austausch zwischen dem Arabischen und dem Deutschen bzw. den anderen germanischen oder romanischen Sprachen. Im Folgenden wird versucht, einen etymologisch-lexikalisch fundierten Beitrag zum diachronischen Studium unserer Sprachen zu leisten.

Es dürfte heute den meisten Sprechern des Deutschen oder des Italienischen bzw. Spanischen wenig bekannt sein, dass viele der von uns benutzten Wörter arabischer Abstammung und über Umwege zu uns gelangt sind und unsere täglichen sprachlichen Akte bestimmen und bereichern. Man bedenke, dass in dieser Arbeit aus Platzgründen exemplarisch vorgegangen wird.

Man beachte zum Beispiel folgende kategorematische Lehnwörter und Fremdwörter, die nun in semantische Kategorien eingeordnet werden.[65]

➢ Aus dem Bereich der *Astronomie*:

Zenit: Der Begriff bezeichnet bekanntlich den *Höhepunkt* und scheint im Laufe des 15. oder des 16. Jahrhunderts ins Italienische und dann ins Deut-

---

[65] Dabei wird vor allem auf den Aufsatz *La tradizione arabo-islamica nella cultura europea* ausdrücklich Bezug genommen, in folgender Aufsatzsammlung: Alessandro Bausani, *Il „pazzo sacro" nell'Islam*, Milano-Trento, Luni editrice, 2000, S. 56-58.

sche gekommen zu sein. Der arabische Begriff *samt ar-ra's* wurde verschrieben bzw. verballhornt und mutierte zu *zemt* bzw. *zenit*.[66] Komplementär dazu hat sich auch **Nadir** mit der Bedeutung *Fußpunkt* als Richtungsangabe als Teil der deutschen Sprache etabliert.

Ein weiterer wenig bekannter Fachbegriff arabischen Ursprungs ist zum Beispiel **Azimut** (Duden-Definition: Winkel zwischen der Vertikalebene eines Gestirns und der Südhälfte der Meridianebene, gemessen vom Süden über Westen, Norden und Osten); es sind allerdings vor allem mehrere Sternennamen, die den besagten Ursprung bezeugen.

So sind **Wega** (auch Vega, *an-nasr al-wāqi*, „herabstoßender Adler", 25,3 Lichtjahre von der Erde entfernt und im Sternbild Leier von einer zirkumstellaren Staubwolke umgeben), **Altair** („der fliegende Adler", im Sternbild Adler, zirka 16,7 Lichtjahre entfernt; dieser Stern wurde von den Römern *stella Miluus* und von den Griechen *iktinos* genannt) und **Deneb** (im Sternbild Schwan, 2000 Lichtjahre entfernt) von arabischen Astronomen gesehen und zum ersten Mal bezeichnet worden (diese drei Sterne bilden das sogenannte Sommerdreieck). Der berühmte persische Astronom ʿAbdu 'r-Raḥmān bin ʿUmar aṣ-Ṣūfī (903-986) entdeckte eine „kleine Wolke", wie er sie nannte, im 10. Jahrhundert nach Christus am Nordhimmel und beschrieb die Galaxie **Andromeda** (Genitiv *Andromedae*, astronomische Abkürzung *And*) in seinem Werk *Das Buch der Konstellationen der Fixsterne*. Im Sternbild Stier befindet sich außerdem, 66 Lichtjahre von der Erde entfernt, ein sehr heller Stern namens **Aldebaran**, was auf Arabisch der (den Plejaden) Folgende bedeutet.

Die Liste ließe sich fortführen. So erinnern wir an dieser Stelle nur noch an **Algol** (aus dem Arabischen *al-gul*, Prototyp einer Klasse von Sternen, den Algolsternen)[67], **Rigel** („rechter Fuß des Orion", ein blauweißer Überriese

---

[66] Vgl. Kluge, *Etymologisches Wörterbuch der deutschen Sprache*, Berlin-Boston, De Gruyter, 2011. S. 1006.

[67] Es handelt sich um den Namen eines Wüstendämons der unter stets wechselnder Gestalt erscheint, anscheinend eine Anspielung auf die wechselnde Lichtstärke des Sterns, vgl. Der Brockhaus, *Astronomie*, FAB, Leipzig-Mannheim, 2006, S. 19.

des Spektraltyps B8, Teil des Wintersechsecks), **Beteigeuze** (auch Beteigeuse, *yad al-ǧauzā* ̕, „Hand der Riesin", roter Überriese, Spektraltyp M2) und **Fomalhaut** (*fam al-hut*, „Maul des Fisches", im Sternbild Südlicher Fisch).

➢ Aus dem Bereich der *Mathematik* lassen sich viele Fachbegriffe etymologisch gut rekonstruieren. Es wird an dieser Stelle eine Auswahl getroffen; dabei handelt es sich um relativ bekannte Etymologien.

Die Bezeichnung **Algebra** (*al-ǧabr*) ist auf die wissenschaftliche Abhandlung *al-Kitāb al-muḫtaṣar fī ḥisāb al-ǧabr wa- ̕l-muqābala* von Abu Dscha'far Muhammad ibn Musa al-Chwarizmi (um 780 – 850) zurückzuführen (wobei sowohl griechische als auch indische Mathematiker ähnliche Systeme entwickelt hatten), und kam über die arabische Welt nach Europa. Eine mögliche etymologische Definition lautet:

Buchstabenrechnung, Lehre von den mathematischen Gleichungen". Der Fachausdruck der Mathematik wurde im 15. Jahrhundert aus gleichbedeutender mittellateinischer *algebra*, eventuell auch durch romanische Vermittlung entlehnt. Dieses geht zurück auf arab. (mit Artikel) *al-ǧabr* (eigentlich „die Einrenkung gebrochener Teile", dann „Wiederherstellung der normalen Gleichungsform ohne negative Glieder").[68]

Auch hat Europa den Begriff **Algorithmus** dem bereits erwähnten al-Chwarizmi zu verdanken, welcher 825 n.Chr. das bekannte Werk *Über die indischen Ziffern* verfasste und so die heutige Bezeichnung dieses mathematischen Verfahrens etablierte.

Das *etymologische Prinzip* ist bei diesen Entlehnungen aus dem Arabischen – man beachte die Verschmelzung des synsemantischen Elementes des Artikels zu einem neuen Wort - auch bei einer synchronen Betrachtung sehr wohl erkennbar.[69]

---

[68] Vgl. Duden, *Das Herkunftswörterbuch*, Mannheim, Dudenverlag, 2007, S. 28.
[69] Vgl. Albert Busch, Oliver Stenschke, *Germanistische Linguistik*, 2. Auflage, Tübingen, Narr Verlag, 2008, S. 67: „Etymologisches Prinzip: Wörter bzw. Morpheme, die aus einer Fremdsprache entlehnt wurden, behalten ihre Schreibung bei. Zum Teil ist auch an

➤ Aus dem Bereich der *Botanik*:

Die arabische Medizinwelt hinterließ exzellente Werke über die pharmakologische Wirkung therapeutisch verwendeter Pflanzenextrakte. Das ist eine bekannte Tatsache. So schrieb der Botaniker Abul Asan al Muchtar ibn Botlan (auch bekannt als Ububchasym de Baldach bzw. Ellucasim Elimittar) den später ins Lateinische übersetzten Traktat *Theatrum Sanitatis*, in dem Heilkräuter aufgelistet und wissenschaftlich untersucht werden. Verschiedene Wörter erinnern heute an die arabische Herkunft der pharmakologisch und aromatisch wirksamen Pflanzen, die heute fast selbstverständlich Teil unserer gastronomischen Kultur geworden sind.

Die **Tamarinde** (ital. *tamarindo*), dieser tropische Baum mit immergrünen Blättern (und dessen Frucht), bedeutet ursprünglich indische Dattel und ist schon in mittelalterlichen Schriften zu finden; der **Ingwer** (italienisch: *zenzero*) stammt aus dem Lateinischen *zingiber*, *gingiber* und früher aus dem Arabischen *ziggiberis*, wobei die Abstammung des Wortes indisch ist (die hornförmige Wurzel). Es sei an dieser Stelle ebenso an **Safran** erinnert (ital. *zafferano*).

Natürlich sind auch Wörter arabischer Abstammung in anderen Sprachen zu verzeichnen, die keine so direkte Entsprechung im Deutschen haben, wie zum Beispiel der italienische Begriff **sana** (*cassia angustifolia*).

➤ Aus dem Bereich der *Chemie*

Der Begriff **Alchemie** hat beispielsweise eine interessante Geschichte hinter sich: Seine Etymologie ist noch nicht ganz entschlüsselt worden (manche Versuche greifen sogar auf altägyptische Wörter zurück), jedoch scheint es allgemein akzeptiert zu sein, dass das italienische *alchemia* und das spanische *alquimia* auf *al-kīmiyā'* (Stein der Weisen, *lapis philosophorum*) zurückzuführen sind. Denn sowohl in der arabischen als auch in der chinesischen Welt des Mittelalters galten „wissenschaftliche" Kenntnisse in dieser Disziplin als besonders begehrt und erstrebenswert. So erzählt der

---

nicht bzw. schon vor sehr langer Zeit entlehnten homophonen Wörtern noch ihre unterschiedliche Etymologie erkennbar."

italienische Geistliche in Ming-China Matteo Ricci (1552-1610) in seinem Bericht über die jesuitische Penetration ins vom Rest der Welt abgeschottete Land, dass er zu Beginn seiner Tätigkeit als Missionar auf Grund seines außergewöhnlichen Wissens auf mehreren Gebieten für einen Alchemisten gehalten wurde und ständig Besuch empfing, der von ihm die Geheimnisse dieser Kunst verlangte. Die Chinesen glaubten damals, dass es möglich war, Bernstein oder Zinnober in Gold oder Silber zu verwandeln und dieser Glaube beweist, dass die antike „Wissenschaft" der Alchimie in der Renaissance nicht nur in Europa noch praktiziert wurde (man denke dabei an den Alchemo-Paracelsismus), wobei die Wurzeln dieses Aberglaubens, wie bereits erwähnt, im Mittelalter zu verankern sind.

Auch sind Begriffe wie **Alkali, Alkohol, Borax, Elixier, Talkum** in diesem Rahmen zu kategorisieren. Es sind sozusagen exogene Neuerungen, welche die Lexikologie tangieren. Man beachte folgende Tabelle:

Deutsch	Arabische Abstammung	Französisch	Spanisch	Englisch	Italienisch
Alkali	al-qalī	alcali	álcali	alcali	alcali
Alkohol	al-kuhl	alcool	alcohol	alcohol	alcool
Borax	būraq (pers. būräh)	borax	bórax	borax	borace
Elixier	al-iksīr	élixir	elixir	elixir	elisir
Talkum	talq	talc	talco	talc/talcum	talco

Die Liste ist längst nicht vollständig und kann fortgesetzt werden. Fremd- und Lehnwörter wie

Sarazene, Turban, Fes, Babusche, Talisman, Türkis, azur, Lapislazuli, Musselin, Taft, Baldachin, Damast, Alkoven, Sofa, Intarsie, Almanach, Tasse, Papagei, Jasmin, Zibet, Maske, Hasard, Schach, Kaviar, Kaffee, Zucker, Sirup, Sorbet, Orange, Bazar, Fondaco, Karawane, Karat, Karube, Tarif, Feluke, Schirokko, Monsun, Arsenal, Razzia, Admiral, Kalif, Sultan, Emir, Wesir, Derwisch,

die aus dem Arabischen, Türkischen und Persischen stammen, haben unsere Sprachen zweifellos erweitert und bereichert.

Eine besondere Erwähnung verdient das Wort *Diwan*. Die Etymologie dieses Begriffes ist noch nicht endgültig geklärt worden. Im Herkunftswörterbuch liest man:[70]

Das Wort wurde Anfang des 17. Jahrhunderts durch romanische Vermittlung (franz. *divan*, ital. *divano*) aus türk. *divan* entlehnt, das zunächst den mit Polsterbänken oder Sitzkissen ausgestatteten Empfangsraum in den Häusern vornehmer Türken bezeichnet, dann auch solche Polsterbänke selbst. Voraus liegt pers. *dīvān*, „Schreib-, Amtszimmer; Sitz des Staatsrates (im Osmanischen Reich)". Das Wort gehört zu pers. *dabīr*, „Schreiber", und bedeutete ursprünglich „Sammlung beschriebener Blätter", dann auch „Gedichtsammlung". Letztere Bedeutung wurde bei uns durch Goethes „Westöstlicher Diwan" (1819) bekannt.

Allerdings könnte dieses Wort, wie manche Linguisten vermuten, mit der Bedeutung *Zoll* verbunden sein, da Reisende aus dem Westen auf den "Diwan" trafen (*divan* → ital. *dogana*, franz. *douane*).

Natürlich muss erklärt werden, warum und wie die arabischen Begriffe nach Europa kamen. Die arabische und die persische Welt kamen als Folge bestimmter historischer Ereignisse schon sehr früh in Kontakt mit der europäischen Kultursphäre. Es scheint an dieser Stelle angebracht zu sein, kurz auf die geschichtlichen Entwicklungen einzugehen, die einen so dauerhaften Austausch zwischen den Welten ermöglichten. Nach dem Tod Mohammeds im Jahre 632 n.Chr. fängt die Ära der vier sogenannten recht-

---

[70] Vgl. Duden, *Das Herkunftswörterbuch*, Mannheim, Dudenverlag, 2007, S. 151.

geleiteten Kalifen an, eine Epoche, welche die Historiographie bis zum Tode Alis ibn abi Talib und der Erlangung der Kalifenwürde von Seiten dessen Antagonisten Mu'hawiya, des Gouverneurs von Damaskus, währen lässt (661).[71] In diesem Jahr verzeichnet die arabische Geschichtsschreibung eine Wende, ja eine Zäsur historischen Ausmaßes, da die Dynastie der Umaiyaden die Macht an sich reißen konnte, was den Beginn einer neuen Ära bedeutete (661-750). Im Jahr 750, nachdem 14 Umaiyaden-Kalifen ihre Theokratie in Syrien aufgebaut und ausgeweitet hatten, führten interne Konflikte zum politischen Aufstieg der Abbasiden, die den Sitz des Kalifats - primär aus politischen Gründen, waren sie doch auf die Diskreditierung der Umaiyaden erpicht - nach Bagdad verlegten (zwar entstand im Jahre 750 ein Gegenkalifat der Umaiyaden in Cordoba, dieses erlosch jedoch im Jahr 1031). Die Abbasiden-Kalifen regierten mit einer gewissen Selbstsicherheit und inneren Stabilität bis zum Jahre 945, als die schiitischen Buyiden das mittlerweile politisch und wirtschaftlich morsche Kalifat der Abbassiden eroberten (aber offiziell nicht beseitigten).[72] Im Jahre 1055 lösten die sunnitischen Seldschuken die Buyiden ab und blieben bis zum verhängnisvollen Jahr 1258 an der Macht, als die Hauptstadt des Kalifats Bagdad im mongolischen Sturm unterging und das islamische Kalifat auch formal abgeschafft wurde. Nach dem weltgeschichtlich bedeutungsvollen Prozess der Islamisierung der nomadischen Turkvölker übernahmen türkische Stämme allmählich sozusagen das Schwert des Islams, vergrößerten nach und nach ihr Herrschaftsgebiet, schnitten das christliche Byzanz immer mehr von der Außenwelt ab und eroberten es am 29. Mai 1453. Das osmanische Sultanat forderte dann politisch und militärisch die christliche Welt heraus, bis es als

---

[71] Die beiden religiösen Führer fochten einen langen Krieg mit unterschiedlichen Phasen aus (656 bis 659). In diesen Kontext ist die historische Spaltung der Umma einzuordnen. Während die Sunniten die vier Kalifen (mit Mu'hawiya) anerkennen und als rechtmäßige Nachfolger und religiöse Erben des Propheten betrachten, akzeptieren die Schiiten nur die geistige und politische Autorität von Ali, so dass nur die genealogische Nähe zu Mohammed für das Amt des Kalifen bzw. des Imams qualifiziert.

[72] Die Tausend und Eine Nacht-Erzählungen entstanden in diesem stabilen Klima während der Blütezeit der Abbasiden-Regierung im heutigen Irak (unter dem Kalifen Harun-ar-Rashid ibn al-Mahdi, 786-809, der jedoch, vor allem moralisch, überschätzt zu sein scheint), wobei der Grundkern dieser legendären Erzählungen wieder einmal in Indien zu verankern ist, im Schatten der Maharadscha-Paläste.

Folge des Ersten Weltkriegs auch unterging. Dies ist selbstverständlich eine schematische Darstellung. Was in diesem Kontext von Bedeutung ist, ist der Umstand, dass das mittelalterliche Arabien, vor allem unter den Abbasiden, eine vor allem kulturell unvergleichliche Blütezeit erlebte, die die islamische Welt zum Vorbild aller Nationen machte, ein Umstand, der auch mit einer besonderen sozialen und politischen Konstellation zu tun hat, welcher bestimmte Prozesse innerhalb der muslimischen Gemeinschaft begünstigte. Die verschiedenen von arabischen Gelehrten angefertigten Übersetzungen klassischer Philosophen aus dem Altgriechischen bewahrten einen wahren Schatz vom endgültigen Untergehen.

Der Theologe Hans Küng schreibt:

In der Kulturmetropole Bagdad entwickelt sich so eine intensive wissenschaftliche Forschung und im dortigen „Haus der Wissenschaft" eine rege Übersetzertätigkeit: Zahlreiche griechische und syrische Werke werden, zumeist von syrischen Christen oder Konvertiten, philologisch mustergültig ins Arabische übersetzt, logische Abhandlungen des Aristoteles ebenso wie die medizinischen Werke des Galen und des Hippokrates. Das Streben nach Wissen ist weit verbreitet, In Bagdad, wo es unter den vielen Märkten, die alle nach hellenistischem Brauch einen Aufseher hatten, auch einen Markt der Buchhändler gibt, zählt man zeitweise mehr als hundert Buchhandlungen. Und bald übertreffen die originalen Beiträge der Muslime zu Mathematik und Astronomie, zu Medizin und Chemie, zu Mineralogie, Zoologie und Meteorologie das, was sie aus dem griechischen, persischen und indischen Erbe übernehmen konnten. Europa seinerseits verdankt es zu einem großen Teil dem Islam, dass es das eigene antike Erbe wiederzuentdecken und wieder zu verstehen vermag.[73]

Unerwähnt bleiben die Errungenschaften der Araber auf dem Gebiet der Optik oder der Hydraulik. Über die Expansion der arabischen Stämme in Richtung Spanien (ab dem Jahr 711) und Westeuropa kamen die erwähn-

---

[73] Vgl. Hans Küng, *Der Islam. Geschichte, Gegenwart, Zukunft*, München, Piper, 2004, S. 322.

ten lexikalischen Einflüsse bzw. indische und persische Begriffe in die europäischen Sprachen, die sich dann mit der Zeit etablierten und ausbreiteten. Die 700 Jahre arabisch-muslimischer Herrschaft in Spanien (bis 1492) hinterließen logischerweise breite Spuren auf dem ganzen Kontinent. Festzuhalten ist ja auch, dass Arabisch auch andere Sprachen beeinflusste. So konnten Sprachforscher eruieren, dass die arabische Sprache einen großen lexikalischen Einfluss auf die klassische neupersische Dichtung ausübte, der sogar bis zu 50% beträgt.

Universalgelehrte wie Abū Alī al-Husain ibn Abd Allāh ibn Sīnā (um 980-1037), Abū Bakr Muhammad ibn Zakarīyā ar-Rāzī (865-925), Abū Marwān ʿAbd al-Malik ibn Zuhr (1091-1161), ʿAlāʾ ad-Dīn Abū l-Hasan ʿAlī ibn Abī Hazm al-Quraschī ad-Dimaschqī (1210-1288), Abu Abd Allah Muhammad ibn Muhammad ibn Abd Allah ibn Idris al-Idrisi (1100-1166), Abu Ali al-Hasan ibn al-Heithem (um 965-1040) leisteten einen unschätzbaren Beitrag zur Medizin, Pharmakologie, Geografie und Kartografie, einen Beitrag, der das mittelalterliche Europa beeindruckte und beeinflusste. Der italienische Arzt (aus Belluno) Andrea Alpago (geboren im 15. Jahrhundert, gestorben im Jahr 1521) reiste sogar extra bis nach Damaskus, um das Werk *Qānūn at-Tibb* (Kanon der Medizin) von Avicenna zu studieren, da er mit den ihm bekannten Übersetzungen nicht zufrieden war. Der scholastische Arabismus in Europa wurde so initiiert.

An dieser Stelle wird auf eine subtilere, jedoch nicht weniger entscheidende Wirkung der arabischen Welt eingegangen. Ein Beispiel aus der Geschichte der Literatur wird wohl ausreichen, um die angeführten Argumente zu untermauern.

Einer der größten Lyriker der Weltliteratur ist bekanntlich der italienische Dante Alighieri (1265-1321), der die Göttliche Komödie (*Divina Commedia*) verfasste. Auf die extrem interessante und teilweise kontroverse Entstehungsgeschichte dieses Meisterwerkes kann in dieser Abhandlung nicht eingegangen werden. Zur besseren Einordnung werden wohl ein paar

Hinweise ausreichen. Nach dem Sieg der toskanischen Guelfen über den italienischen Ghibellinismus und der schwarzen über die weißen Guelfen (welche für die florentinische Unabhängigkeit kämpften) in Florenz mit der Hilfe von Karl von Valois wurde Dante im Jahr 1302 aus seiner Heimatstadt verbannt und er musste ins Exil gehen (dieses Urteil kann man heute im *libro del chiodo* noch sehen). Bei seinem Herumwandern an den verschiedenen Höfen Norditaliens (zum Beispiel wurde er in Verona am Hof von Cangrande della Scala beherbergt) verfasste er sein Meisterwerk in Terzetten. Der Inhalt ist Literaturkennern bekannt: Der Dichter – und lyrisches Ich – imaginiert eine Reise ins Reich der Toten und besucht die Hölle, den Läuterungsberg und das Paradies, wo er sich mit den Seelen dieser drei Reiche im Jenseits unterhält, ihre Strafe für ihr irdisches Vergehen schildert und ethische, metaphysische und religiöse Fragen erörtert. Viele Philologen haben sich die Frage nach Dantes literarischen Vorbildern gestellt. Es ist nicht auszuschließen, dass sich der berühmte florentinische Dichter von arabischen Märchen oder literarischen Werken inspirieren ließ.

Der italienische Historiker Indro Montanelli schreibt:

Il viaggio nell'oltretomba non aveva nulla di originale in se e per se. A parte *l'Eneide* di Virgilio, il turismo ultraterreno era in gran voga fra gli scrittori del Duecento, e non soltanto fra quelli cristiani. Secondo alcuni esegeti, Dante avrebbe derivato la sua idea dalla letteratura araba, che di storie simili ne aveva a bizzeffe. C'era il racconto del viaggio di Maometto in cielo, c'era la leggenda persiana dell'ascensione di Arda Viaraf, c'era soprattutto il *Futuhat* di Ibn Arabi, con una meticolosa descrizione dell'inferno e del paradiso che assomigliano molto, quanto ad architettura, a quelli della *Commedia*.[74]

---

[74] Vgl. Indro Montanelli, *Dante e il suo secolo*, Milano, Rizzoli, 2004, S. 359.

Übersetzung:

Die Reise ins Jenseits war an sich nichts Außergewöhnliches. Ganz abgesehen von der *Aeneis* von Vergil war der Besuch im Reich der Toten gang und gäbe bei den Schriftstellern im 13. Jahrhundert, nicht nur bei den christlichen. Nach der Meinung einiger Exegeten hätte Dante Alighieri seine Idee aus der arabischen Literatur gehabt, die sehr viele Geschichten dieser Art besaß. Da war zum Beispiel die Himmelsreise von Mohamed, da war auch die persische Legende der Himmelfahrt von Arda Viaraf; jedoch war vor allem das Werk *Futuhat* von Ibn Arabi, mit seiner detaillierten Beschreibung der Hölle und des Paradieses, die, zumindest was die Architektur der beiden Reiche im Jenseits anbelangt, der Göttlichen Komödie Dantes sehr ähnlich ist, sehr bekannt.

Dieser Aspekt wird in der Romanistik sehr häufig vernachlässigt.[75] Andere Philologen sehen als die Inspirationsquellen des größten Dichters der italienischen Literatur andere Werke. So kommen die Werke *Kitāb al-Mi'rāj* (anonym) und *Seir al-'Ibād 'l-Ma'ād* (das ist der arabische Titel eines persischen Werkes) von Sanā'ī aus Ghazna (zirka 1130-31) dafür in Frage (interessant ist auch der Umstand, dass sich viele der von diesen Dichtern erfundenen Strafen der verdammten Seelen ähneln).[76] Es sind sehr interessante Parallelen zwischen den Werken gezogen worden, so dass die Wahrscheinlichkeit arabischer Quellen als sehr hoch einzustufen ist. Der Reichtum an literarischer Produktion in mittelalterlichem Arabien darf in dieser Hinsicht nicht unterschätzt werden. Es bleibt die Frage zu klären, ob Dante diese arabischen Werke kennen bzw. lesen konnte. Jedenfalls kannte er die sizilianischen Dichter, die mit den Arabern Kontakt gehabt hatten. Ganz abgesehen davon, dass die mittelalterliche Welt mehr vernetzt war, als man in der Regel annimmt und dass manche Reisenden aus der arabischen und persischen Welt zum Teil sehr weite Strecken zurücklegten und in Ita-

---

[75] In der wissenschaftlichen Abhandlung *Dante Alighieri, Dichter im Exil, Dichter der Welt* von Karlheinz Stierle, (Beck, 2014) werden z.B. die möglichen Quellen Dantes komplett ignoriert.

[76] Vgl. Alessandro Bausani, *Il „pazzo sacro" nell'Islam*, Milano-Trento, Luni editrice, 2000, S. 219-236.

lien ansässig waren, scheinen Philologen und Historiker der Ansicht zu sein, dass der toskanische Dichter zum Beispiel den jüdischen Gelehrten Abraham Abulafia kannte (vielleicht sogar persönlich), der ursprünglich aus Spanien kam. Ein indirekter Hinweis, dass für damalige Gelehrte die großen Entfernungen im Prinzip nicht unüberwindbar waren und dass die intellektuelle Welt rege und verbunden war.[77]

Es wurde bereits erwähnt, dass die islamisierten Türken nach dem Untergang des Kalifats 1258 mit ihrem Sultanat das politische Gebilde darstellten, das den Islam als Staatsreligion hat und somit starke theokratische Züge aufweist. Die Auseinandersetzung zwischen der christlichen und der osmanischen Welt nach dem Fall von Konstantinopel im Jahre 1453 wurde im Laufe der Jahre immer heftiger, die ständigen Kriege wurden erbarmungslos geführt und die Religion war, neben klaren politisch begründeten Hegemonialbestrebungen, tatsächlich das inspirierende Prinzip des Staatslebens. Der Austausch und die gegenseitigen Einflüsse, auch sprachlicher bzw. lexikalischer Natur, dürfen jedoch auch nicht unterschätzt werden. Auch in diesem Fall lohnt sich ein konkretes Beispiel, das die Bedeutung dieser gegenseitigen Begegnung veranschaulichen kann.
Im Italienischen existiert der idiomatische Ausdruck *buonavoglia* bzw. *mettersi di buonavoglia* (*a fare qualcosa*), welcher heute sehr häufig verwendet wird, wobei die Abstammung dieses Wortes den wenigsten geläufig sein dürfte. Ein Teil des militärischen Konfliktes zwischen dem Heiligen Römischen Reich Deutscher Nation und den Malteserrittern einerseits und dem osmanischen Reich andererseits wurde bekanntlich auf dem Meer ausgetragen. Die damaligen Schiffe waren hauptsächlich Galeeren, auf denen zahlreiche Häftlinge, primär christliche und muslimische Entführte, ihr trauriges Dasein fristen mussten. Ans Ruder angekettet mussten sie bis zu zwölf Stunden täglich arbeiten, vom Aufseher ständig geschlagen, und hatten im Prinzip keine Chance auf Befreiung. Es scheint seltsam zu sein, jedoch existierten Freiwillige, die sich für den Dienst auf den Galeeren

---

[77] Vgl. Umberto Eco, *La ricerca della lingua perfetta nella cultura europea*, Bari, Laterza, 2012, S. 54-59. Abulafia war 1260 bis 1271 in Italien und dann noch einmal 1280.

meldeten. Normerweise handelte es sich dabei um Arme, die hoch verschuldet waren und auf diese Art und Weise einen Ausweg suchten. Zwar wurden sie auch angekettet, aber im Falle einer Schlacht wurden sie im Gegensatz zu den anderen Sklaven befreit, um den regulären Soldaten zu Hilfe zu kommen. Die Unmenschlichkeit ihrer Arbeit auf der einen Seite und der Umstand, dass sich diese Ruderer dafür freiwillig meldeten auf der anderen Seite, ließ die, vielleicht ursprünglich ironische, Bezeichnung *buonavoglia* entstehen (Leute, die Lust aufbrachten, diese mühsame und inhumane Arbeit zu verrichten). Auch heute kann das Wort ironisch verwendet werden, um beispielsweise einen Faulenzer zu bezeichnen. Auch der Warnruf *Mamma li turchi* ist auf diese Zeit zurückzuführen und auf die besonderen Umstände des Kampfes an der italienischen Küste.

Interessant vom linguistischen Standpunkt her ist die Verwendung einer neuen Sprache, die sich in dieser Zeit an den Mittelmeerküsten entwickelte. Diese Sprache heißt *Sabir* und etablierte sich im 16. Jahrhundert als Folge der Begegnung zwischen Islam und Christentum bzw. christlichen und muslimischen Staaten.

Es wird an dieser Stelle eine mögliche Definition reproduziert, die im Metzler Sprachlexikon enthalten ist:[78]

Aus lat. *sapere* bzw. span. *saber* „wissen" abgeleitete Bezeichnung für eine ursprüngliche, besonders im Mittelmeerraum unter Händlern gebräuchliche Mischsprache, die auf vorwiegend roman. Basis beruhte und mit türkischen, griechischen, arabischen u.a. Elementen durchsetzt war. Die Bezeichnung Sabir löst erst später die ältere Form „lingua franca" ab. Beide Ausdrücke haben eine Bedeutungserweiterung erfahren insofern, als sie heute jede Pidginsprache bezeichnen können.

Um eine konkrete Vorstellung dieser Sprache zu vermitteln, wird hier ein oft zitiertes Gespräch zwischen dem osmanischen Piraten Dragut und dem

---

[78] Metzler-Lexikon, *Sprache*, J.B. Metzler, Stuttgart-Weimar, 2010, S. 575.

Großmeister des Malteserordens, dem Franzosen Jean Parisot de La Vallette, das sich im Laufe des 15. Jahrhundert ereignet hat, wiedergegeben. Als La Vallette den gefangenen Dragut auf einer Galeere der Republik von Genua besuchte, sagte er ihm in Anbetracht der Tatsache, dass La Vallette selber ein paar Jahre zuvor am Ruder gewesen war:

„*Usanza de guerra, signor Dragut...*",

worauf der Pirat stoisch antwortete:

"*...y mutanza de fortuna*".

So wurden drei prinzipielle Arten der Beeinflussung des Deutschen und der anderen sowohl romanischen als auch germanischen Sprachen durch Arabisch, Persisch oder Türkisch erkannt und theoretisiert:

a) Die nahezu direkte Übernahme und Anpassung des in Frage kommenden Wortes, das heute als Fremdwort oder Lehnwort gilt. Oft erfolgt die Übernahme auf Grund des höheren Prestiges der Ausgangssprache oder des Primats einer Entdeckung bzw. Erfindung.

b) Historische Ereignisse bzw. soziale oder militärische Umstände lassen Neologismen entstehen, die häufig eine Bedeutungserweiterung erleben und auch außerhalb des ursprünglichen Kontextes ihre Bedeutung haben, jedoch nicht als äquivok zu kategorisieren sind.

c) Die besondere historische Konstellation ließ sogar eine neue Pidginsprache entstehen.

Fazit: Die nicht nur kriegerische bzw. bellizistische, sondern auch kulturelle und höchst produktive Begegnung zwischen der arabisch-islamischen Kultur und dem christlichen Europa führte zu einer oft unterschätzten Bereicherung der Zivilisationen, welche zwar teilweise unilateral war, im Laufe der Zeit jedoch eine gewisse Reziprozität aufwies, die heute in der Etymologie einiger Wörter unserer Sprachen noch präsent und wohl dokumentiert ist.

Bibliografie

Arndt, Johannes, *Geschichte des Dreißigjährigen Krieges 1618-1648*, Stuttgart, Reclam, 2009.

Charles Barber, *The English language. A historical introduction*, Cambridge, Cambridge University Press, 1995.

Bausani, Alessandro, *Il „pazzo sacro" nell'Islam*, Milano-Trento, Luni editrice, 2000.

Bausani, Alessandro, *L'Islam. Una religione, un'etica, una prassi politica*, Milano, Garzanti, 1999.

Busch, Albert, Stenschke, Oliver, *Germanistische Linguistik*, 2. Auflage, Tübingen, Narr-Verlag, 2008.

Camporeale, Giovannangelo, *Die Etrusker. Geschichte und Kultur*, Düsseldorf / Zürich, Patmos Verlag GmbH & Co. KG Artemis & Winkler, 2003.

Churchill, Winston, *Der Zweite Weltkrieg*, 7. Auflage, Frankfurt am Main, Fischer, 2013.

Crowley, Roger, *Entscheidung im Mittelmeer. Europas Seekrieg gegen das Osmanische Reich*, Stuttgart, Theiss Verlag, 2009.

Der Brockhaus, *Astronomie*, FAB, Leipzig-Mannheim, 2006.

Diamond, Jared, *Der dritte Schimpanse, Evolution und Zukunft des Menschen*, Frankfurt am Main, Fischer, 2006.

Duden, *Das Herkunftswörterbuch*, Mannheim, Dudenverlag, 2007.

Eco, Umberto, *La ricerca della lingua perfetta nella cultura europea*, Laterza, Bari, 2012.

Eickhoff, Ekkehard, *Venedig, Wien und die Osmanen. Umbruch in Südosteuropa 1645-1700*, Stuttgart, Klett-Cotta, 2009.

Elsen, Heike, *Linguistische Theorien*, Tübingen, Narr-Verlag, 2013.

Joachim Fest, *Obiettivo Hitler. La resistenza al nazismo e l'attentato del 20 luglio 1944*, Bologna, Garzanti, 1998.

Graichen, Gisela, Hammel-Kiesow, Rolf, *Die deutsche Hanse. Eine heimliche Supermacht*, Hamburg, Rowohlt, 2013.

Großbongardt, Annette, Salzwedel, Johannes (hrsg.), *Leben im Mittelalter. Der Alltag von Rittern, Mönchen, Bauern und Kaufleuten*, München, Deutsche Verlags-Anstalt, 2014.

Jünger, Ernst, *Strahlungen I*, München, Deutscher Taschenbuch Verlag GmbH & Co. KG, 2003.

Khalisi, Emil, *Die Zukunft der Menschheit*, Stuttgart, ibidem-Verlag, 2017.

Kluge, *Etymologisches Wörterbuch der deutschen Sprache*, Berlin-Boston, De Gruyter, 2011.

Kühlmann, Wilhelm, *Magdeburg in der zeitgeschichtlichen Verspublizistik (1151-1631)*. In: Prolegomena zur Kultur- und Literaturgeschichte des Magdeburger Raumes. Hrsg. von Gunther Schandera und Michael Schilling. Magdeburg, 1999.

Kühlmann, Wilhelm, *Martin Opitz, Deutsche Literatur und deutsche Nation*, Heidelberg, Manutius Verlag Heidelberg, 2001.

Küng, Hans, *Der Islam. Geschichte, Gegenwart, Zukunft*, München, Piper, 2004.

Mesenhöller, Mathias, *Ein guter Platz für Geschäfte*, in: Geo Epoche 85, 2017.

Metzler-Lexikon, *Antike*, J.B. Metzler, Stuttgart-Weimar, 2006.

Metzler-Lexikon, *Literatur*, J.B. Metzler, Stuttgart-Weimar, 2007.

Metzler-Lexikon, *Sprache*, J.B. Metzler, Stuttgart-Weimar, 2010.

Montanelli, Indro, *Dante e il suo secolo*, Milano, Rizzoli, 2004.

Nübling, Damaris, Dammel, Antje, Duke, Janet, Szczepaniak, *Historische Sprachwissenschaft des Deutschen*, 4. Auflage, Tübingen, Narr-Verlag, 2013.

Ólason, Vésteinn , *Die Isländersagas. Im Dialog mit der Wikingerzeit*, Kiel, Ludwig, 2011.

Ortner, Helmut, *Der Hinrichter. Roland Freisler – Mörder im Dienste Hitlers*, Darmstadt, WBG (Wissenschaftliche Buchgesellschaft), 2013.

Pauer-Studer, Herlinde, Fink, Julian (hrsg.), *Rechtfertigungen des Unrechts. Das Rechtsdenken im Nationalsozialismus in Originaltexten*, Berlin, Suhrkamp-Verlag, 2014.

Petacco, Arrigo, *La nostra guerra*, Milano, Arnoldo Mondadori editore, 1995.

Petacco, Arrigo, *L'ultima crociata. Quando gli ottomani arrivarono alle porte dell'Europa*, Milano, Mondadori, 2007.

Pittner, Karin, Berman, Judith, *Deutsche Syntax. Ein Arbeitsbuch*, 6. Auflage, Tübingen, Narr-Verlag, 2015.

Preisendörfer, Bruno, *Als unser Deutsch erfunden wurde. Reise in die Lutherzeit*, Berlin, Verlag Galiani, 2016.

Slack, Paul, *Die Pest*, Stuttgart, Reclam, 2015.

Stierle, Karlheinz, *Dante Alighieri, Dichter im Exil, Dichter der Welt*, München, Beck, 2014.

Stroh, Wilfried, *Latein ist tot, es lebe Latein! Kleine Geschichte einer großen Sprache*, Berlin, List-Verlag, 2008.

Veronese, Alessandra *Gli ebrei nel Medioevo*, Milano, Jouvence, 2010.

Villar, Francisco, *Gli indoeuropei e la nascita dell'Europa*, Bologna, Il Mulino, 1997.

Wehr, Gerhard, *Luther*, Kreuzlingen-München, Heinrich Hugendubel Verlag, 2004.

Wright, Jonathan, *Die Jesuiten. Mythos, Macht, Mission*, Essen, Magnus-Verlag. 2005/06

ibidem.eu

www.ingramcontent.com/pod-product-compliance
Lightning Source LLC
Chambersburg PA
CBHW060343170426
43202CB00014B/2859